萧何的奋斗笔记

柳七公子 ◎ 著

中国青年出版社

目 录

第一章　老辣：左右逢源夯实根基 …………………… 001
　　经营周边熟人的感情 ……………………………… 001
　　成功之人，有攀高的欲望 ………………………… 003
　　抓住机遇，秀出最优秀的自己 …………………… 004

第二章　奇迹：天将降大运于斯人 …………………… 008
　　眼光独到，伯乐巧识千里马 ……………………… 008
　　上天眷顾早有准备的人 …………………………… 011
　　成事不分古今，方法大同小异 …………………… 012

第三章　主动：为未来的领导谋职位铸金身 ………… 015
　　慧眼为千里马寻找契机 …………………………… 015
　　抓住机会，施展手中的权力 ……………………… 017
　　世上无难事，只怕有心人 ………………………… 019
　　迎合也是一种能力 ………………………………… 020

第四章　积极：把领导拉进朝廷的队伍 ……………… 023
　　没有人情的政治是短命的 ………………………… 023
　　做最帅的和尚，撞最响的钟 ……………………… 024
　　甘愿做一个服从领导的新兵 ……………………… 027

第五章　尽心：培育未来的领导，巧点鸳鸯谱 ……… 030
　　想领导所想，急领导所急 ………………………… 030
　　官场生死事小，面子事大 ………………………… 031
　　巧为领导添砖加瓦 ………………………………… 034
　　揣摩领导的心思，心甘情愿做红娘 ……………… 036

好干部一手抓工作，一手抓婚姻 …………………………………… 040

第六章　官途漫漫：萧何送刘邦去服徭役 ……………………… 042
　　不管幸与不幸，徭役都摆在那里 …………………………………… 042
　　伤离别，众人相送 …………………………………………………… 044
　　另眼相待，聪明人适时表现自己 …………………………………… 045

第七章　逆境：刘邦落草芒砀山 …………………………………… 048
　　致命关口，人生就是选择 …………………………………………… 048
　　破釜沉舟是一种智慧 ………………………………………………… 050
　　好属下为领导雪中送炭 ……………………………………………… 052

第八章　险中求胜：接受起义大潮来袭 …………………………… 056
　　起义打响反秦第一枪 ………………………………………………… 056
　　只有选对人，才能改变命运 ………………………………………… 057
　　萧何配戏，与县令密谋反水 ………………………………………… 059

第九章　智谋：做第一个吃螃蟹的人 ……………………………… 064
　　精明强干，和领导秘密接头 ………………………………………… 064
　　今天的苦难，就是明天的辉煌 ……………………………………… 066
　　空想不如不想，行动胜于一切 ……………………………………… 067

第十章　果敢：配合领导成大事 …………………………………… 069
　　糊涂县令不糊涂，断臂求平安 ……………………………………… 069
　　紧要关头用人缘 ……………………………………………………… 070
　　当机立断，给领导出谋划策 ………………………………………… 072
　　好属下有胆识，敢为人先 …………………………………………… 074

第十一章　小试牛刀：布衣将相挺进沛县 ………………………… 077
　　借他人力量，助领导一臂之力 ……………………………………… 077
　　慧眼投资，甘做领导人梯 …………………………………………… 080
　　巧抓机遇，把领导挺上位 …………………………………………… 083

第十二章　机变：变身二把手，甘做绿叶扶红花 ………………… 086
　　戏剧性转换新的人生定位 …………………………………………… 086
　　做一个官场新兵，让自己更有价值 ………………………………… 087
　　放低身段，做好手边的小事儿 ……………………………………… 089

第十三章　低头：新领导别人屋檐下求发展 …… 092
　　陌路相逢，将遇良才 …… 092
　　先站稳再站高，保存实力求发展 …… 096
　　乱世中预先准备，等待机遇君临天下 …… 098
　　话有千种，委婉相劝最动听 …… 099

第十四章　历练：起义大熔炉里百炼成钢 …… 102
　　屈身别人屋檐下韬光养晦 …… 102
　　好风凭借力，积攒成功的资本 …… 104
　　机会来临，群雄逐鹿中原 …… 106
　　胜利在望，扶领导再上马 …… 108

第十五章　登峰：好属下不畏浮云遮望眼 …… 110
　　满目繁华中，放大领导的优点 …… 110
　　繁华富贵，乱花迷了领导的眼 …… 111
　　智谋独到，为领导保存文献 …… 113

第十六章　精心彩排：赢在转折点 …… 115
　　权衡得失，劝领导还军灞上 …… 115
　　巧避锋芒，忍耐是正视现实的智慧 …… 117
　　战争来袭，巧做领导主心骨 …… 121
　　项伯反水，萧何将计就计 …… 124
　　依计表演，刘邦示弱委曲求全 …… 128

第十七章　韬光养晦：无限风光在险峰 …… 134
　　论功行赏，面对不公平的待遇 …… 134
　　见好就收，劝领导保住胜利果实 …… 135
　　巧避锋芒，不与对手正面冲突 …… 138

第十八章　伯乐识马：不拘一格笼络人才 …… 140
　　善于交往，妙用人力资源 …… 140
　　兵仙驾到，韩信移步大汉舞台 …… 142
　　谱写人才佳话，萧何月下追韩信 …… 147
　　推波助澜，草根小吏韩信拜将 …… 150
　　借力生存，联合巴蜀土著 …… 154

第十九章　保障军饷：大财不放，小财不漏 ………… 160
　　战前分别，丞相留守关中 ……………………… 160
　　好干部左手后勤，右手理财 …………………… 162
　　理财高手，坐镇巴蜀供军粮 …………………… 166
　　垓下悲歌，英雄请重新来过 …………………… 167

第二十章　开国首功：坦然面对利益来袭 ………… 172
　　皇恩浩荡，萧何见证开国大典 ………………… 172
　　兴修水利，万事民生为先 ……………………… 176
　　至高荣誉"开国第一侯" ……………………… 181

结　　语 ……………………………………………… 187

第一章

老辣：左右逢源夯实根基

经营周边熟人的感情

夕阳渐落，暮色四合……

秦末，江苏沛县县衙办公室。

血色斜阳映红了半边窗子，辉映着萧何那张年轻光洁的侧脸，他伏案埋在一堆文件当中，熟练地撰写着今天的会议纪要。作为一个合格的男秘书，他已经习惯了这样的工作，每天忙不完的事儿，不亦乐乎地忙着行政、机要和保密工作。千头万绪的琐事在他的手上已变得有条不紊起来，他热爱这份工作，珍惜这份工作。忆往昔，初到县衙任职时，人脉、背景、关系这些统统没有。但萧何并非纯布衣出身，而是出生在书香门第，从少年时代开始，他所接受的学校教育和家庭教育，就培养了他正确的世界观和人生观，并塑造了他良好的心理性格。他勤奋好学，思维活跃机敏，初入官场，他懂得放下自己。他知道从他迈进县衙大院的那天起，就不能再依靠父母，也不能自私任性，他很快调整好心态，向着自己的未来自信地出发了。

我的地盘我做主，我的人生我说了算。那年那月，秦朝，已在风雨中飘摇，社会动荡不安。作为一个男人奔行在官场，残酷的社会现实赋予了他更重的压力，既是负担也是考验。

萧何这人性格随和，又会为人处世，每天上班早来晚走，县令啥时让加班搞个材料整个档案什么的，绝对服从。普通同事有事相求，萧何也都一视同仁,尽全力满足他们的要求。至于同事有事替个班儿加个点儿什么的,更是家常便饭,萧何非常懂得珍惜每一个能帮助别人的机会。中国自古就推崇"人敬我一尺,我敬人一丈",你给别人的好处别人都会记在心里。给别人机会,就是给自己铺路,不管是啥时代你和朋友资源共享、信息共享,金钱啊利益啊别剐巴得那么赤裸裸。学会并懂得分享,到最后,不仅朋友都乐于和你在一起,你最终也会收获颇丰,当然机会也就越来越多。一毛不拔的铁公鸡永远不受人待见这倒是真理。

　　时间久了,县衙大院里老老少少上上下下,没有不夸萧何的,都喜欢和他交往。在这里不得不感慨一下,在官场上混,要会做人,先学做事。事儿,是做出来的;人,是处出来的。别小看平凡工作中的点点滴滴,小溪虽小,多了就交汇成大河,溢满你悠长的一生。说到底,其实,萧何是一个有心人,他这是不声不响地在为自己积累人脉啊!人脉是什么?就是资源啊!这个世界谁用不着谁?其实身边的很多机会都是可以帮助我们积极地拓展人脉的,但很多人都错过了。一个人在社会上混,就是一个社会人,不能关上门朝天过。家里、单位、四邻八舍,里里外外,凡事都应打点得漂漂亮亮。萧何深谙人脉经营的守则,谁说书生百无一用,书读得多了知道的就是多。他知道:"天下熙熙,皆为利来;天下攘攘,皆为利往。"你自己得有真本事,混得有模有样了,朋友都会从全国各地冒出来,来到你身边,昔日上大学时同班的不同班的,高一级的低一级的,都会拐弯抹角地打听着和你攀上校友。这是一种好现象嘛,到时候分分类,都可以成为自己的人脉资源。萧何为相以善于用人识人见长的本事,在这时就初露端倪,这也是他一生仕途得意的原因。

　　所以萧何以百倍的热忱工作着,努力让自己成为一个有用的人。他从不抱怨别人不给自己机会,因为好多机会都是自己努力争取的。

　　再者,萧何文笔的确出众,仅短短几年工夫他就在一帮新人中脱颖而出,成为县衙里的一支笔,分管县衙吏属干部的任免工作,也参与县里的其他政事,并兼任办公室主任,如果县令不在,他可以行使县令的权力。当然这一切不能不说是由萧何个人的才能和他本人的进取心态所决定的。这个世界,无论今古,都只为那些努力工作的人大开绿灯。世界是公平的,虽说是人外有人,天外有天,但至少在此时,在萧何这一亩三分地上,他做得出类拔萃。

成功之人,有攀高的欲望

说起来,当时风华正茂的萧何在小小的沛县县城里也是有头有脸的人物。只知道埋头苦干也是不可取的,他交际广,人缘好,又有文化,在同龄人的行列里他是一个不折不扣的佼佼者。这不得不让那些和他一同踏进官场遨游的小鱼小虾们羡慕嫉妒。不管现代古代,行走江湖不求你样样通,只求你一样精。萧何博学多才,不仅擅长搞行政管理,还有文学造诣,对古往今来的律令颇有研究,深得县令的垂青,久而久之成了县令大人的左右手。要搁现在,萧何一准是取得了律师资格证书的。

如果不是适逢乱世,秦末政局不稳,各地农民起义三天两头频发,如若天下太平,萧何或许就这样朝九晚五地过着波澜不惊的日子,每天按点上下班,娶上几房太太,开枝散叶,过着平常人的生活。混得好了,弄个小官当当,也尝下为人父母官的感觉,造福一方百姓;或在县衙熬到退休,然后湮没在历史的长河中。混得不好了,就这样做着他的小秘书,小日子过得也蛮滋润。就算离开了县衙,上苍还赐予他写字的本事,他萧何说不定还能成为一名作家呢!

然而,官场是个大舞台,每天在这里迎来送往,也积累了不少工作经验,因此萧何也结交了县城里的三教九流。朋友多了,自然视野也开阔了,比如看守所所长曹参、马车队队长夏侯婴、狗肉贩子樊哙、丝绸贩子灌婴、吹鼓手周勃等都是他的铁哥儿们,好得穿一条裤子还嫌肥,八小时之外这些人喜欢群聚在一起,八卦一下社会形势,关心一下国际风云,喝喝小酒,侃侃女人……人在官场上混,哪能两耳不闻天下事呢?国家兴亡,匹夫有责,加上萧何本身就是一个有理想、有抱负的男人,那种"三十亩地一头牛,老婆孩子热炕头",吃饱穿暖就能高枕无忧的人生,并非他的追求。大丈夫生于乱世,怎能安于自己的温饱,享一门一户的小家之乐呢?

人，起步高了，就会盼着身边的风景更好。因为身边的风景好了，自己才能飞得更高。哪个男人没有梦想，有梦想就有未来嘛！当时的世道混乱，人心浮躁，国家不得安宁，小家怎能安康？所谓家、国、天下，没有国哪有家？所以在县衙这几年的岁月，萧何从没有想过要虚度，而是脚踏实地，一步一个脚印地往前走。他不是干一行，爱一行，而是干一行，成一行。他绝对地一丝不苟地在做着他的本职工作，春华秋实，他在创造着一流的工作业绩。就这样，他一步步得到了领导和上级主管部门的赏识，在全县乃至全地区的历次考核中，萧何都是稳拿第一。

　　萧何心里清楚，怀揣着梦想在官场闯荡，做大事是目标，做小事是起点。今天爱岗敬业，夯实自己的事业基础，他日觅得合适的时机才能大鹏展翅。人在官场漂，哪有不盼升职的？堂堂沛县县衙各个部门里，哪个人不盼着有一天好运像馅饼一样砸在自己头上——升，再升，最好一路飘红，到那时候不仅自己青云直上，亲戚朋友的脸上也跟着荣光。大丈夫活一生一世，得无愧于自己才行，得在这个颠簸动荡的时代里一步步开拓自己的新天地，来证明自己的人生价值。

　　其实，不论古今，人空怀理想有时候也很缥缈，上苍得赐给你机会啊！没有机会一切都是空谈，你就得在这个小秘书的职位上混一辈子。

抓住机遇，秀出最优秀的自己

　　小小的沛县县衙，也时不时会有上面的人来指导工作。这不，大秦中央空降到沛县的御史大人来县里督察工作了。萧何在县令大人的指挥下，接连一周加班加点打扫卫生、布置现场，领导要下来检查嘛，场面上该摆的都得摆上，萧何的同事们更是忙得不亦乐乎。值得庆幸的是，衙门里的档案材料都是萧何平时随干随写，早就整理好了，都分门别类地投进档案袋里了，并且都在袋口边贴了标签，到时候，领导要进来查看，要谁的随时抽给他就行了。至于上面的各种政策规则杠杠条条之类的，萧何也在县令的特别关照下又强化记忆了一番，萧何向县令保证，只要上面问到的，他一准儿能对答如流。

按以往的惯例,这所谓检查也就是走个过场做个样子,只要县令大人把这御史大人侍候个酒足饭饱,临行时再往大人的座驾上偷着塞上几箱沛县的土特产,这工作就算画上了完美的句号。萧何心里暗骂,这都是民脂民膏啊!别的不说,光今日这一顿饭钱,就够面朝黄土背朝天的老百姓过半年的日子啊!再见,再见,最好再也不见!萧何笑看县令大人率众随从在送御史大人上路。"此去山高水长,他年有机会到京城玩儿",彼此寒暄着套话告别,"大家各自保重,后会有期"……县令心里其实也在骂:"有期你个大头鬼,我们一辈子无期才安生!"但表面上至少是大家各取所需,上面的人要走过场,下面的人要安心,皆大欢喜。

可这人终归是不一样的,当惯例不是惯例的时候,就有了意外发生。此御史非彼御史,今天还真就碰上了较真儿的主儿。从天然居出来,这御史大人本该左拥右抱去宾馆醉在温柔乡就成了,可他偏偏貌似对那些妖娆的女子不感兴趣似的,今天不知道中了哪门子的邪,非要摆驾回县衙。干吗,公事公办去?一干人只好面面相觑之后忙不迭地鱼贯而回。

明镜高悬的县衙办公室里,县令和众干部都战战兢兢地站在那张大办公桌前,毕恭毕敬地等待着。县令的额头不时有豆大的汗珠子滚落下来,他殷勤地给御史大人手边的水杯里添水,顾不得给自己擦把汗。御史大人一本正经地慢慢翻看着萧何递过来的档案,一边看似漫不经心地不时问萧何,无非就是这些材料依据哪条大秦律令。这难不倒萧何,不管御史大人问什么,萧何都能答得头头是道。

御史大人回顾这几天来萧何为了迎接他鞍前马后侍候得妥妥帖帖,一切事务打理得井井有条,这不得不让他暗自佩服。其实御史大人是个自恋的人,他不光佩服萧何的能力,更佩服自己的眼力啊!"看不出来啊,县令阁下,您这儿犄角旮旯里还藏龙卧虎呢!"肚里本就没货的县令这下却搞不清这位御史大人的话究竟是褒义还是贬义,一时间回不上话来。

御史大人转身问萧何:"想不到这位小哥还真有两把刷子呢,沛县的庙太小了,你在这儿屈才啊,你就甘心平平常常固守在这个地方吗?有句名言不是说吗,垃圾是放错了位置的宝贝,如果有机会想不想到更大点儿的地方发展呀?本御史想推荐你去皇城怎样?"萧何心里"呸"了一声腹诽道:"呸,你才是垃圾,小爷我就是埋在土里的金子!"

每个人都有自己的追求和原则。此时面对御史大人的邀请,搁一般人早就喜形于色,恨不能立时就能启程,感激涕零地说些属下愿追随大人海角天涯之类的奉承话了。到皇城发展,天多高,地多大啊,那也是无数做官者梦寐以求的梦想啊!天赐良机,放弃了就是傻子。县令和同事的目光像聚光灯一样聚焦在萧何身上,但听他不卑不亢道:"我还年轻,能力差水平也低,基层是锻炼人的好地方,萧何感谢御史大人的垂爱,请您容我在这里再修炼上五百年,等俺翅膀硬实些了,再去皇城搏击风雨吧!"

御史大人拍拍胸脯自信满满,他相信自己的眼光。咱不能睁着大眼说瞎话,这位御史还算得上一个识货的主儿,至少他良心大大的好,不是个庸官儿,责任心强,又有时代的使命感,能为国惜才。他认为萧何就是个难得的人才,把这个宝贝放在小县城里纯粹是"高射炮打蚊子——大材小用"。是金子不能埋在这片贫瘠的土地上,得去大都市发光,所以他力挺萧何到中央去谋个一官半职。

萧何赶紧拱手道:"我是沛县的土著,祖祖辈辈生活在这个地方,我的故乡并不美,低矮的草房,苦涩的山水,可我是那么热爱我的家乡,我想为家乡的繁荣发展尽一份绵薄之力。再说了,我上有父母需要赡养,下有小儿女需要养育……"千言万语一句话,您御史大人就是说破大天,我萧何也不离开沛县。这就是传说中萧何的"秦御史欲入言征何,何固请,得毋行"的经历。县令见萧何是死心塌地地要跟着他这个七品小芝麻官,自此更加器重他。

萧何真是傻子吗?他在官场上摸爬滚打这些年,都混成老江湖了。他精明谨慎,一心想寻找自己施展才华的舞台,现在眼睁睁地看着天赐良机却不要,难道他是真傻吗?自己的前程固然重要,但在小小的沛县他萧何是数得着的人物,可他这样身份的人进了皇城,给别人提鞋都排不上号,给别人鞠躬车马前,更是门儿都没有,几时才能有出头之日？那纯粹是绿豆粒掉进了大海里，连沧海一粟都不是啊！不是说秦朝这些官员不靠谱，至少你把宝押他们身上是错误的，明知是错何必去犯呢？历史的车轮总是滚滚向前的，到时候靠山山倒，靠河河干，他萧何找谁哭去？

萧何很关心时事政治，凭他敏锐的观察力，不管是官方新闻还是小道消息，总之他隐隐地预感到秦朝早已到了日薄西山的地步。萧何是个聪明人，他才不想把自己的前程押在一个摇摇欲坠的朝廷的官员身上。现在局势这么紧张，各地农民起义此起彼伏，指不定啥时这秦朝的大厦就呼啦啦一下倾倒。与其人生地不熟客走异乡，重新踩出自己的交际圈子，不如留在自己家乡的热土上，冷眼看局势变化，指不定会有更适合自己的发展契机出现呢？人行走江湖总得往远了看，得慎之又慎，男怕入错行，女怕嫁错郎，目光放远点儿准没错，萧何是相信自己的自测力的。这时的萧何可能已经对自己的人生进行了规划，满腹才华怎能为一个暴秦政权服务呢？其实萧何心里还想到了一个人，一个或许能改变他命运的人！这人是谁呢？

第二章

奇迹:天将降大运于斯人

眼光独到,伯乐巧识千里马

说起来萧何和刘邦的邂逅,那绝对是一场狗血的遇见,百分之百有戏剧性。过去好久了,萧何想起的时候还是忍俊不禁。

那天晚上萧何正在加班,给县令赶写一份材料,忽然听到外面人声鼎沸,车马奔腾,一片喧嚣之声由远而近。萧何忙掩卷开门,只见马车司机夏侯婴从驾驶座上跳下来,拽住缰绳拴在门前的树上。那时的县衙公用派车是八轮的马车,绝对环保,不用担心油价飙升。副驾驶的门打开时,萧何看到他的几个同事一个个灰头土脸,衣衫不整,出门时整洁的工作服有的被撕掉了口袋,有的被扯去了前襟。萧何一看乐了,忍不住逗趣道:"哥儿几个,怎么落魄江湖载酒行了?遭人劫色了?难不成以身相许了?"那几位同事哭丧着脸很悲催的样子:"别提了,这回是阴沟里翻船了!"

萧何心说,好好的,怎么搞得这么狼狈?再问及原因,他们却不肯细说。在一旁嘀嘀咕咕地互相埋怨,这个说怎么就不看着点儿那厮背后使绊子啊,那个说我不正忙着应付那些小喽啰嘛,背后又没长眼睛。萧何越问,他们越不肯说,便转身去问夏侯婴,这位只是捧腹大笑。这夏侯婴是谁?刘邦少年时代的朋友,后来的汝阴侯滕公,也是为了西汉江山出生入死的开国功臣啊!

看来这混迹于官场的大干部从基层干起来的是多如牛毛。基层是培养后备干部的大熔炉啊！夏侯婴现在的职务是县衙专车司机，专车司机也是混得有头有脸的人物，可不能小看了这朝廷官员的司机，往小处说是个赶马车的，往大处说这个角色的作用有时超过了官员的枕边人，里面的道道深着呢！

同事们估计都被刘邦整得够呛，唯有夏侯婴没被戏弄，所以他眉飞色舞唾沫星子满天飞，绘声绘色地给萧何讲他们一行人怎样遇见刘邦，刘邦又是如何被关进看守所，一五一十娓娓道来。这夏侯婴口才不是太好，却有讲故事的天赋，在县衙当差，这工作也着实枯燥单调了些，把萧何听得是两眼放光，拍手叫好，非要夏侯婴带他去看守所一睹这位刘邦刘季兄的风采。

其实，夏侯婴瞅着刘邦虽然举止另类，总喜欢整出这些潮人潮事来，但是看出他是个有理想的人，才把他引荐给了萧何。别小瞧了这些给官老爷赶马车的，他们都是头脑活络、见多识广的角色，跟着领导混江湖，多多少少都有几手看门的本事。看守所相遇后，萧何、夏侯婴、曹参和刘邦等一群人很快就打成一片，成为志同道合的好哥儿们。

此时的刘邦，还只是沛县县城里一个名副其实的小无赖。说真的，刘邦不是流氓，只是很痞很酷毙的帅哥而已，人送美称"美髯公"。他鼻梁高挺，脸部线条明朗，身材挺拔伟岸，货真价实的美男子一枚。换现在他就是那种不爱读书，每天打扮得跟上海滩的小开一样，头发梳得溜光，双手插裤袋里，叼根巴西雪茄领一帮逃课的不良少年，混迹于赌场、街头大排档的老大。因为游手好闲、懒惰成性，所以不务正业，时不时身边还整俩仨青春靓丽的妞儿，徜徉在落日的小城街头，偶尔饮两杯薄酒，三天两头瞅谁不顺眼就砸了摊子打个群架，释放一下分泌过剩的荷尔蒙。

这个世界真是让人不可捉摸，都说龙生龙，凤生凤，老鼠的孩子会打洞。可他日刘邦的兴起，再一次向"王侯将相"这种权威挑战，只要肯努力，只要有机会，身处底层的人一样可以成为人中龙凤。风水轮流转，明年到我家，皇帝不是只有王公贵族的公子哥可以做的，咱们老百姓同样也有机会。谁也不曾想到就这样一个无赖，在将来的某天率领一帮市井的哥儿们，撬了大秦的墙脚，轰隆隆拉倒了秦朝的高楼大厦,当然这都是后话了。

　　进了看守所,萧何真的是眼前一亮。那种惺惺相惜的感觉,那种"摔碎瑶琴凤尾寒,知音不在与谁弹"的怅然统统抛于脑后,大手一伸:"亲,我可找到你了!"大有世间所有的相遇都是久别重逢的味道。

　　但萧何和刘邦毕竟是在不同文化背景下成长起来的不同的两个人,有不同的生活环境、不同的工作圈子、不同的交际舞台,更有不同的价值取向、不同的思维方法、不同的行为习惯、不同的人生目标和追求。安于现状是一种稳打稳做的工作作风,可为了自己的前途谋发展的男人也会有长久眼光。萧何是个有理想的男人,他不可能甘愿平平淡淡地在沛县县衙做一个朝九晚五的小职员。他做好本职工作的同时,也时刻伺机为自己寻找机会。

　　大秦已是霞光晚照,萧何每每都有末世来临的感觉,这叫政治远见。每一个有志青年生逢乱世,位卑未敢忘忧国,国有前途自己才有前途,国将不国的时候,个人的前途将是一片迷茫。

　　如何为自己选择一个优秀的领导,成为当下迫在眉睫的首要问题。萧何是个普通干部,却也是一个非常合格的职业规划师,他一直在寻寻觅觅给自己找一个优秀的领导。当机会来敲门,萧何早已准备好了。机会这东西,很玄乎的,一辈子,也许只有一次就够了。犹如职场上流行的那句话,"我们无法选择自己的出身和父母,但我们有权利选择自己的领导!"

　　有语云,新时代的领导,也得是个"四有"人才,有形、有心、有运、有情。眼下,这位刘季刘三儿大哥,不正是最合适的人选吗？第一,有形。别说萧何是个世俗的人,陌生人见面有哪个不是外貌协会的？有时候以貌取人也没有什么不对。秀色可餐,美色养眼,跟在这样的领导身后,自己都感觉变得玉树临风起来。第二,有心。时时处处保持乐观向上的心态,这一点儿刘邦做得更是出彩。不管身处怎样的逆境,他都能潇洒达观,从不会因为身处底层而萎靡不振,闷闷不乐。相反,领一帮兄弟行走,刘邦就是那艘敢下海的船,风正一帆悬,风斜帆不倒。第三,有运。这刘邦无权无势却有笼络人心的能力,别看他整天无所事事,却总有帮兄弟死心塌地地跟着护着拥戴着,这就是本事。

太平盛世,刘邦这样的人不会有更大的发展空间和舞台,可现在适逢乱世,乱世成就英雄,乱世把刘邦的潜能来了个全方位激发。第四,有情。有情有义真男儿,感情稳定,能经得起大起大落,再苦再难也不把个人情绪带进工作中来。

刘邦这样的人可遇不可求啊,遇上了就得抓住。为自己找一个合格的领导,前途无量。

上天眷顾早有准备的人

萧何的眼光独到,在这场狗血的遇见的最初就表现得淋漓尽致。

乱世遇明主,丈夫在世当有为,抓住机会只是一瞬间。萧何平时为人谨慎小心,而且低调,上至县衙里的官差,下至看守城门的小衙役,没有和萧何关系不好的,在单位他混得是如鱼得水。像夏侯婴这样的同事,跟他的关系更不用说了,每天迎来送往的总见面,兄弟们都相差不大的年纪,在同一个单位工作,只有分工不同,没有高低贵贱之分,自然能打成一片。萧何深知,自己经历的地方,每一个人每一件事,都值得他付出时间、精力和感情,人脉是怎样炼成的?先会处人,再学做事,巧妙迎合,左右逢源。在不违背原则的前提下,对同事对兄弟能帮就帮,事事为自己留后路,多一个朋友多一条路,在这里不用赘述。

萧何俯在夏侯婴耳边一阵私语,说得他也是一腔热血啊!当然是好好好、是是是。二人这么一合计,朝里有人好做官,县里有人好办事。一行兄弟拱手相送,刘邦在看守所门口的暗影里,和萧何依依不舍地道别说:"好兄弟,江山不改,绿水长流,咱们后会有期!"刘邦和他的那帮小兄弟言毕就上了萧何早安排好的马车,消失在萧何的视线之外。

惹是生非进去的,风风光光坐着县衙干部的专车出来了!刘邦在兄弟们面前是长足了脸面,于是大家更佩服他了。

萧何,他心比天高,他胸怀大志,在那个兵荒马乱的年代,怎样给自己找一个好的靠山,给自己选择一个好的领导,这无疑是重中之重。俗语说,背靠大树好乘凉。官场是个大舞台,鱼鳖虾蟹大鹏小鸟儿,海陆空各路英雄一起云集共襄胜举,都想全力发挥自己的才能演绎自己的官场人生。可是好风凭借力,才能上青云,你一个人本事再大,单枪匹马闯不了天下,撑破天也就开辟属于自己的一亩三分地,根本无法实现自己的人生价值。

萧何,不是只顾眼前的人,他的梦想在天上,在白云深处。

切·格瓦拉说过,如果说我们是浪漫主义者,是不可救药的理想主义分子,我们想的都是不可能的事情,那么,我将一千零一次地回答,是的,我们就是这样的人!坚强起来,才不会丢失温柔,让我们面对现实,让我们忠于理想。

是的,萧何就是这样一个人。他不仅有智谋,而且有权谋,他敢于直面现实,他瞄准了目标,确定了人选,一门心思为自己培养伯乐。

偏偏这刘邦,他天生就不是盏省油的灯,在沛县这方地盘儿上,他可着劲儿折腾,今天因鸡毛蒜皮的小事打架斗殴进了派出所,明天又因砸了某人的摊子被人家起诉,这衙门口为他开,隔三岔五常进来。貌似这样的事对于刘邦来说像喝碗白开水一样自然。这一来二往出来进去的,再不济也混个脸熟了,沛县县衙的人,都知道有刘邦这么个主儿。

历史总是在诸多乱世英雄马不停蹄地折腾中向前发展的。这位小县城的刘三爷,真的是不可小觑。他并非一无是处之人,他性格豪放,豁达大度,和兄弟们一起鼓捣来的东西,人家刘邦从不中饱私囊,兄弟们拖家带口跟着自己混江湖,真的不容易,他都是大大方方赏下去。

这个时候的刘邦,身边总是有几个铁杆哥儿们,被他收拾得服服帖帖,就差拈土焚香,义结金兰了。

成事不分古今,方法大同小异

刘邦喜欢我行我素、笑傲江湖,他喜欢闲云野鹤般自由自在地生活。刘邦是那帮草根儿兄弟的头儿,人家活得潇潇洒洒,视权贵如粪土,别看他自己就一混社会的待业老青年,连个正当的职业也没有,但他还真的不把那些官员大人们放在眼里。

谁家官老爷若是人五人六地摆排场、耍酷,肆意地穷讲究,过分张扬,却被这刘邦瞅见,那他一准是好日子过到头了!换句话说,如果秦朝不在各路乱世英雄的呐喊和起义中退出历史的舞台,这位刘邦还不天天领着帮小无赖们,把个沛县搞得鸡飞狗跳、满城乌烟瘴气啊!

刘邦现在的生活,吃不愁,穿不愁,不受任何人管理,混得舒服,混得痛快。青春是什么?青春就是狂嗨,就应该活出别样的色彩。策马奔腾,轰轰烈烈,青春做伴,我的地盘我做主,一腔热血尽情挥洒。刘邦就差从鼻孔里哼一声那些紧紧抱住大秦这棵大树的人,大家还是散了吧,趁现在风云还没有突变,趁现在泥石流还没有涌下来,趁早各自寻头去吧!免得成了大秦的牺牲品或炮灰,被掩埋在千沟万壑之中。估计当时刘邦也没有想过某年某月的某一天,他自己威风凛凛地治理天下吧。

刘邦仗义大量、为人活络,人际关系处理得出奇的好。在这个世界上,没有无缘无故的好人缘儿,没有无缘无故的高人气。孟子他老人家早就说过:"爱人者,人恒爱之;敬人者,人恒敬之。"你怎么对别人,别人怎么对你。一个人在官场上混得人见人爱、花见花开、车载车爆胎,别问,人家一定比寻常人付出了更多更多。

因为好人脉是经营出来的,不是纯粹混出来的。作为一个社会人,你不可能永远生活在真空中,或是关上门堵上窗朝天过。这世间事,想到和得到之间还有两个字,就是你得率先做到,只有做到才能最终得到。利益和需要永远都是社交的根本,所谓有财人不死,有食鸟不亡。唱高调刮浮夸风都是玩虚的,和兄弟们混,得来点儿实在的。逢年过节,兄弟们都得了刘邦的小恩小惠,个顶个服服帖帖,也都愿意肝脑涂地、誓死相随。

人情练达,洞明世事,在为人处世这方面,萧何倒是和刘邦有异曲同工之处,都是为人处世的骨灰级高手。萧何何等慧眼,越发瞅着他这位未来的明主不论横竖不论是倒下还是起来他都是个人才,他瞅得见刘邦身上那种与生俱来的独特的人格魅力和领袖魅力,可不是人人都有的。刘邦虽然身上毛病不少,但他至少做人坦荡荡,如果将来成为乱世帝王,这些都是不可缺少的品质。如果有一天,他大手一挥,手下的人一呼百应,定能指点江山。

萧何这识人的才能用在一个还是市井泼皮的身上,更是显得别具一格。要换作咱一般的人,让咱把宝押一街上要饭的人或一江湖小无赖身上,咱敢吗?咱怕是伤不起,也没这本事。世界之大,有才有本事的人比比皆是,特别是生逢乱世,会有更多的有志有才之士隐藏于山野之中,在坐观朝野格局的变换。一旦朝堂烽烟起变换了天空,立马揭竿捣毁腐败秦朝的老窝去。这未来的黄袍究竟能加到谁身上?说句实在话,谁都不敢打包票!这萧何,为什么就单单瞅准了刘邦,而不是项羽,不是陈胜、吴广?一句话,这萧何就是对刘邦情有独钟。

前面说了萧何这人交际甚广,沛县的直属衙门,闭着眼也能数得清。在为自己搭建人脉的过程中,萧何八面玲珑辗转于酒场,老乡、同窗、亲戚朋友、张三、李四、王二麻子,拜把子兄弟差不多都能扯上关系。实在是八竿子也打不着,扯不上关系,找个理由都要扯上,人家非说他干妹妹的表姨父的连襟的二妯娌的兄弟媳妇五百年前和你是一家,你就得承认:"对,咱们祖上就是一家人,如今开枝散叶混我们这辈,我们就是至亲,而且亲不讲理,咱们就是相亲相爱的一家人。"

在沛县这地盘上,复杂的人际关系网,盘根错节交织在一起。哪个部门的哥儿们朋友,萧何也没少给人家好处。这人脉说到底就是财脉,就是潜在的机缘,就是将来某一天你踏平坎坷成大道,踏上官途的梯子。一个人要想在官途一马平川,自己精心搭建的人脉关系网就得四通八达,放射到边边角角,甚至官场大树的细枝末节。这人脉关系就是沉淀的资源,有一天你挖掘出来,那都是闪光的宝贝,捧在掌心里都熠熠生辉,照亮自己的官途。

成事不分古今,方法大同小异。卡耐基说,一个人获得成功,百分之十五是自己的能力,而百分之八十五靠人际关系。

名人的至理名言都是经过多少人前赴后继亲身验证得来的。官场那些事儿,无非是我为人人,人人为我。当然船可载舟,亦能覆舟,永远也别小看了平民百姓的力量,这盘根错节的关系网,这苦心精营着的人脉资源,可都是纵横官场的秘籍。

第三章

主动：为未来的领导谋职位铸金身

慧眼为千里马寻找契机

人脉问题，不分古今，这刮下春风才能下秋雨。萧何的朋友犯了事，进了局子，咱也有人啊！曹参和萧何是老乡加铁哥儿们，萧何忙公务没关系，吩咐夏侯婴开车过去传句话，曹参一摆手，做属下的谁不睁一只眼闭一只眼！只是这刘邦频频犯事，真的让萧何头痛不已，天天去为刘邦打点疏通，别人不感觉絮叨，他自己都感觉张不开嘴。萧何寻思着，怎么着也得寻个好法儿，让刘邦安生一些，在他眼里心里刘邦就是一块璞玉，自己稍稍用用心，雕琢一番，他一定能玲珑剔透起来，他就是认定了他绝非平庸之辈，同时也给自己培养伯乐的机会。

再说了，萧何从没有拿刘邦当普通人对待。萧何在秦朝的县衙固然混得有声有色，但他志存高远、胸怀百姓，现在的生活并不是他想要的。秦朝给萧何提供的舞台真的是太窄，局限的空间甚至制约了他在官场的发展。

人都想往最高处走，在更为广阔的空间里让自己的才华闪光。给自己选一个好领导，同时也就选择了自己的命运。现代人找工作讲究双向选择，回到秦朝，萧何的思想真的够潮。那时候他就知道要为自己选一个适合的领导，因为一个好的领导会成为你纵横官途的引路人，或良师益友，亦可拓宽你自由发展的空间。

自从踏上官场，急匆匆上路开始，萧何就一直在苦苦寻找。他不是率性妄为之人,他老道、老练,身处污浊的环境,他不焦虑,耐得住寂寞,守得住清贫。"改变社会最有成效的方法就是提升自己。"维特根斯坦的这句名言,萧何那时就懂得。他不断地充实自己,在等待新的时机,找不到好的下家他不会自挖绝路。邂逅刘邦,萧何看到了一种希望。萧何不止一次和曹参说,这刘邦将来一定是个人物。他是有意和他结识,主动为他做事,这份主动是那样的自主自发、心甘情愿。

萧何是县里管人事的官儿,天天为别人做人事,从没有为自己谋过福利,也没有为自己的家人谋个好差事。这回,萧何眼前一亮,这沛县泗水亭亭长退休了,一时还没有更合适的人选,何不就假公济私一回?

先说下这亭长是个什么官儿,相当于现在的乡长级别,官儿不大,官海一粟,集治安、邮政、农林、防务于一身,是个武职,一般从报名的退役军官和参加官差招考的武吏中招聘选拔。巧得很,这个差事属县衙的下属单位,萧何负责管辖。

这所谓亭,本来是大秦为军事交通设置的机构,后来演变为具有军事交通功能和治安管理的朝廷基层单位。从交通职能方面而言,负责接待来来往往的交通使者,安排食宿。这亭的职能还有现在朝廷公文网的作用,朝廷或省里传来的文书,县里的关于邮政类的各类文件都挂在亭这个网站上,文件的收发传递也由亭管理担当。从治安管理方面讲,这亭又有县治安大队的职能,负责维持地方秩序,还有追捕盗贼的职能,比如杀人放火打架斗殴等,是名副其实的准军事机构。说是军事机构,看起来却貌似文武兼有,还带着派出所片儿警的差事,有良好的武器装备,比如刀剑啦、弓弩啦、戟盾啦、铠甲等,应有尽有。

能胜任这个职位的人,绝对得体质好、有胆有识、有魄力、有降服地痞流氓恶霸的本事。踏破铁鞋无觅处,蓦然回首,那人就在沛县街头拐角处。此君,非刘邦莫属。刘邦的丰功伟绩一说一箩筐,耍横扮酷、泡吧、泡妞,吃饱了没事打群架,要说没胆没识,他又怎能如此混社会混得如鱼得水。他的日子混得蛮精彩,除了吃好喝好玩好,他偶尔也做些正经事儿,在频发的群架中,更是练就一副好身手。他放荡不羁,却有正义感,他游手好闲,却仁厚爱人、心胸豁达。在地方上,他人气极旺,一身是胆,敢为自己的行为埋单。

如果真的这么继续混下去，真是白瞎了一棵做大事的好苗子。眼下，刘邦这位未来大汉的开国皇帝，也得从最基层做起。

没有人一上班就是官人，没有人一参加工作就是大总裁董事长，平步青云者有，那是人家良马遇伯乐，机会好，关键人家肚子里也有真货。千里做官，从最底层做起，从最小的事做起，不要着急上火，只要今天比昨天好，这就是希望，只要明天比今天好，我们就奋斗到底，生生不息。

抓住机会，施展手中的权力

萧何吧，他是动了心想给刘邦安个像模像样的差事。一则，让他收收心，二则，培养领导，从早抓起。其实也不早了，这萧何大有相见恨晚之意。君生我未生，我生君已老，君恨我生迟，我恨君生早，恨不生同时，日日与君好。别看萧何是文文弱弱的秘书，表面上看一副书生模样，实则却意气风发，他是个敢说敢做、雷厉风行的人。歌德说过：仅有知识是不够的，我们必须应用；仅有意愿是不够的，我们必须行动。既然想到了，就付诸行动吧！

初见刘邦，他已三十有三，而立之年拐了三个弯儿。可他在萧何眼里却是那样的器宇轩昂，仪表不凡，传说中的一见钟情不过如此。萧何语重心长，恨铁不成钢地说："这样乱无头绪地混江湖，终不是长久之计，不能再这样混日子了，这样混下去迟早让日子混了你。人活一世，草木一秋，咱来这世界上走一遭，就算咱不是达官显贵，不能为百姓谋些福利，做点儿好事儿，咱总得找一个适合自己的舞台，好好地秀一把，展示一下自己的风采，为自己谋一个更好的前程。你看，咱们是老乡又是兄弟，都是喝着沛县小河的水长大的，俺这不趁着自己有这个小差事，想帮衬兄弟一把……"

沛县最高档次的酒吧里，灯火摇曳，两杯薄酒入肚，萧何显得很动情，说真的，他一片真心日月可鉴。萧何不愧为沛县县衙最顶级的秘书，他有自己的人生总体规划，绝不是喝墨水喝多了的书呆子。他识人的水平无人能及，刘邦身上的长处和短处，他都看得一清二楚。刘邦书读得不多，但性格开朗豁达，为人处世从不注重小利，是个重情重义之人,至于他身上的缺点当然可以被优点所遮盖了。萧何就是认定刘邦将来一定能成就一番大业。从这一点上来讲,萧何绝对是一个有着坚定政治信仰的人,要搁20世纪战争年代百分之百是个坚定的布尔什维克。因为他做了别人不能做的事,前无古人,后无来者。

秦朝的统治已是霞光晚照,政局混乱的时代,往往群雄逐鹿,英雄辈出。找工作需要靠智慧,创业需要靠智慧,这培养自己未来的领导更需要上上等超人的智慧。

萧何内敛低调,人贵在自知,他不是一般的智者。百姓的生活是刻在他心底永远的痛,他忧国忧民。另一个层面上来讲,他又是慧眼识才的伯乐,刘邦就是他梦中那匹志在千里的黑马、良马,刘邦就是将来能够九天揽月的蛟龙。时代的变迁,需要一个领路人,继往开来开辟历史新的一页。

此时,萧何唾沫星子满天飞,说得口若悬河,胸中激情万丈,他仿佛看到了将来他心目中那个新的朝代。到那时,至少是国富民强,百姓安居乐业。未来的刘邦没有辜负萧何的期望,大汉实行"休养生息"的宽松政策,把偌大个天下治理得顺风顺水。

窗台上的油灯映着萧何那张熠熠生辉的脸,刘邦更是听得热血沸腾、摩拳擦掌,没有人愿意颓废至死,人人都愿意往高处走,刘邦也不例外。

天将降大任于斯人也,必先令其求职到处碰壁。其实人的生存方式,有时候就是给自己设一个不可企及的目标,然后嗖一下把自己扔过去。人不到绝境,从来都不知道自己的潜力有多大。

刘邦别看表面上天天没事人一样混社会,其实看看他的兄长们置办了几亩薄地,也算是有家有业的了,生活不是多富裕,至少能把日子过安稳,而他天天被父亲训斥,他心里也郁闷得很。其实刘邦只是不爱念圣贤书,也不爱做地里的农活,就是每天厚着脸皮靠啃老爹啃兄长们来生活。刘邦外表放荡不羁,其实心如明镜,他知道盛年不重来,一日难再晨,依靠父亲和兄长也不是长久之计,这待业青年也不能当一辈子啊!自己的缺点自己清楚,读书苦,劳动累,不如潇洒混社会,可是不管你混得多体面,这老大不小的了,总还是戴着待业青年的高帽儿,说出去不那么体面。现在有摘帽的人来了,刘邦是个聪明人,他抱拳一揖:"大哥,兄弟绝不辜负你的提携,他日若有机会一定报答你的知遇之恩。"萧何也轻轻一揖:"都是自己人,不用太矫情,我们乡里乡亲,我能帮得上的一定帮,我们来日方长。"

世上无难事,只怕有心人

萧何拿出县衙公开招聘泗水亭长的布告,把那些条条杠杠逐条讲给刘邦听,这刘邦一看也有些窘迫和汗颜。

这布告上写得清清楚楚,一是应聘者家境不能太贫,二是不能没有善行。好在说起来这第一条,刘邦能糊里糊涂蒙过去,他出身是贫寒,但多多少少有些家底儿。他是中国历史上出身卑微的两位皇帝之一,另一个大家都知道是朱元璋。但这第二条,要说这做善事,这刘邦实在是说不过去,这些年,他没做恶事就很不错了。要按这硬性指标来卡,刘邦连报名参加应聘的资格也没有。萧何心知肚明,刘邦也不糊涂。好运在对自己招手,刘邦伸开双臂拥抱它。

这时候,人家萧何是货真价实的朝廷的人,虽然在小县城,却也是一方红人,要地位有地位,要名气有名气。虽说刘邦只是一无赖,可萧何从没有看轻过他。他丰富的生活经历和社会经验,或者说那种收拢人心的天赋,萧何都看在了眼里。这样的人,不能为将不能为相,只能为君王。可能萧何内心深处一直就相信有梦想,生命才会闪着金光,所以他对刘邦的情谊有些超乎寻常。既然把事儿摆在明处,就和刘邦通了气。

再一点很重要的,这萧何是把刘邦当作未来的领导来培养的。所以无论如何他总不能将来成了大器,却还是个地痞流氓的出身,更不能裸着踏进官场,怎么说也得镶层金边儿,没有金边儿咋办,那就给他镀上。

萧何微啜了口杯中的酒对刘邦说:"兄弟,你啥也别担心,只管到时候去参加应聘就可以。天下事有难易乎,为之,则难者亦易矣;不为,则易者亦难矣。但凡什么事儿,只要你用心,没有什么不能为,不可为。"世上无难事,只怕有心人。萧何和曹参积极主动地在做幕后推手,这两位未来大汉帝国的前后丞相,开始为他们未来的天子打造金身。萧何和曹参,从低微到显贵,从年轻一直到老,是一生的事业伙伴。虽然功成名就之后,也曾为争功闹得心生罅隙,但还是在赫赫青史上为我们留下了"萧规曹随"的千古佳话。

在萧何与曹参的策划下,刘邦那些不安分的兄弟主动到衙门承认错误,衙门的业绩上去了,基层官差们也高兴了。不仅如此,街道上的公告栏里突然频频张贴红榜,感谢和讴歌的对象都是刘邦,原来他和众兄弟主动帮助街坊邻居、孤儿寡母解决了很多生活难题。几乎一夜之间,刘邦仿佛正能量大爆发,沛县街头巷尾的百姓都交口称赞。刘邦的声望恰似万丈高楼一夜之间平地起,好口碑直蹿九天。

反正,一切都为美化刘邦,给他镶上金灿灿的金边儿而服务。表面文章一定要做足做细,让人挑不出一点儿毛病。萧何和曹参一联手,配合得天衣无缝,他们有共同的梦想、共同的追求,他们一起起于乡里,一起成就了刘邦,一起为了大汉立下了汗马功劳。此时萧何为刘邦所做的一切,刘邦都记在心里,日后给予他丰厚的回报。

顺理成章,刘邦通过招聘,并在众多优秀的竞争者中脱颖而出。

萧何、曹参和刘邦拍手会意一笑,一切尽在不言中。

那晚,萧何叫夏侯婴载着他,捎上曹参,刘邦率上众兄弟在沛县最大的酒店相聚。刘邦身着一身簇新的青色袍服,才刮过胡子的脸依然有泛青的胡楂儿,却洋溢着喜气,整个人显得更加洒脱飘逸。还别说,昔日的混混痞子被萧何他们这么一装扮,还蛮像月薪过万的高级白领。刘邦越发显得相貌堂堂,越发酷毙起来。那晚,大家一醉方休。

男人,是靠事业给撑门面的,这有了正经的营生,立马就显得不一样了,整个人从里到外显得有精气神儿了。觥筹交错,起座而喧哗者,众宾客也。欢颜而黑发,兴致勃勃乎其间也,刘邦醉也。酒逢知己千杯少,人生难得几回醉,这刘邦是春风满面交朋友,不在话下。

迎合也是一种能力

一道残阳下小楼,县衙大堂,"明镜高悬"四个大字沐浴在探窗而入的斜阳里。县太爷抚须若有所思的样子,萧何给他端上一杯上好的茶,视线锁定在县太爷手中的红榜上:"大人,以属下的意见,这个泗水亭的亭长非刘邦莫属。"

"就上回因打群架二进宫的那个刘邦吗?痞子一样,天不怕地不怕的那个?"萧何手疾眼快地忙把县太爷手边烟灰缸里的烟蒂倒进纸篓里。

这萧何可是个小心谨慎之人,这也是做秘书必备的品质,他没有十成的把握,不会轻易开口。他一向处事稳重、不急不躁、头脑清醒,善于察言观色,对于县太爷的花花肠子他是捋得一清二楚,更不会直接向领导提出自己的请求和建议,而是拐弯抹角地达到自己的目的。这不萧何一听县太爷发问,忙迎合道:"大人好记性,真是聪明绝顶!您看这茶都凉了,我再给您换杯去?"

"不用,"县太爷接过萧何递过的茶,品一口道:"依我看这个刘邦不是个安分的主儿,猴子都能给戳瞎了眼,你认为让一个喜欢捣乱的人担任亭长合适吗?"

"回大人,依属下看刘邦这个人豪爽义气、仗义豁达,他虽然混社会,可他从不欺男霸女,恃强凌弱,以前他是天天游手好闲、惹是生非来着,可那是他没赶上好时候,没找到适合自己的工作而已。如今他能遇上大人主管沛县,是他的造化。大人英明,处事一向公平公正,一向惜才爱才,我知道江湖水寒,这些年您对萧何照顾有加,卑职才有机会在您身边为您服务,做出了自己的一点点儿成绩,这都是您老人家领导有方。我想您一定会给新人一个实现自己价值的机会和舞台,或许这对他以后的人生有好处。"

县太爷明明知道萧何这番话是给他灌迷魂汤,是一堆糖衣炮弹,可这番话听起来实在是舒服,受用得很!话说这迎合也是一门艺术,更是一种本事,会迎合的人把对别人的赞美之情融进看似平实的话语里,听者是酥筋断骨的透脱啊,当然想拍马屁却拍到马蹄子上的另当别论。

瞧,这萧何迎合得恰到好处,不显山不露水,又是个能干的好属下。因为萧何替县太爷分忧替他解难,他才有工夫优哉游哉偷闲去抽烟泡吧,时不时出去泡个妞享受美丽人生。此时,县太爷细细品着萧何的话,这位一向看似糊涂的县太爷瞬间变得聪明起来,他意味深长地瞅着萧何说:"这事儿恐怕没那么简单,我看排在他前面这两位笔试面试成绩也不错嘛!"

萧何心里咯噔一下,这到手的鸭子难道还飞了不成?这明明是把里攥的事儿,眼看就成功了,可别黄了啊!要真黄了,那可就前功尽弃了!以前做的功课都白做了吗?萧何没有和县太爷硬抬杠,也没有再反复强调刘邦有多适合做这个工作,和领导硬碰硬搞僵了,事情就没有回旋的余地,想回头都难。就是他心里一万个想力挺刘邦,也不带这样沉不住气的,毛毛躁躁坏大事,这可不像萧何的做派。萧何是个有心人,他冷静了片刻,梳理下纷乱的思绪,走出县衙大门。远远地,他分明看到排在刘邦前面的那两个哥儿们尾随着县太爷的马车而去。

萧何心里豁然开朗起来,他知道该怎么做了。他去找曹参这么一商量,晚上二人就去县太爷家坐了坐,和县太爷侃侃生活的烦恼,和嫂夫人聊聊家庭里鸡毛蒜皮的小事儿,临走时,偷偷给嫂夫人衣袖里塞了张一千两的银票,并拜托领导夫人多多关照。萧何暗笑自己这段时间真是忙傻了,差点忘记了这真正的领导究竟是谁,枕边风的威力胜过你在县太爷面前磨叽千言。为了把未来的开国天子挺上历史舞台,付出再多也值得!

第四章

积极：把领导拉进朝廷的队伍

没有人情的政治是短命的

第二天上班，萧何怕夜长梦多就直接在早会后进了县太爷的大堂。大堂上人声喧嚣，曹参和他的几个属下都在，堂下跪着七八个百姓模样的人，他们来告状说昨晚家里又被人抢劫了，所有的家当甚至连马牛羊都被牵走了，这日子简直没法过下去了，求青天大老爷赶紧派捕快追赶。曹参瞄了萧何一眼对县太爷说："大人，属下的部下都去外地办案去了，局里眼下也没有得力的助手，您看？"

这时萧何恰到好处地给县太爷奉上热茶："大人，您看泗水亭亭长一位空缺已久，亭不可一日无长。虽说，属下倒是每天都照应着，无奈县里最近事儿太多，有时属下也是力不从心。泗水亭那边是祸乱四起，这样下去百姓何以为生？家都不家了，县城治安一旦出问题，那都会影响大人您的政绩啊，这治安管理可是重中之重。"

县太爷故作凝重地说："唉，本大人最近为了泗水亭的事都头痛不已啊，思虑良久，一时还真没找到合适的人选。"萧何马上接上话茬儿："大人，属下还是力挺刘邦，此人有胆有识，豁达大度……属下还是认为只有他最能胜任这份工作。"

这位县太爷是揣着明白装糊涂，曹参称局里有急事，告退而去，萧何话讲到这里，县太爷也乐得送萧何个顺水人情，再说了，人家萧何那一千两银票可不是白送的，拿人家的手短啊！拿人钱财替人消灾，这话说到哪儿都是理儿。

官者,为民谋福利者也;官者,人民公仆者也。而似这位县太爷这样的官,无疑是百姓的魔星也。这县太爷说到底只是一个小喽啰,茫茫官海中,几度沉浮,老鼠拉木锨——大头在后头呢!堤防不筑,尚难支移蛰之虞;操守不严,岂能塞横流之性。没有人情的政治是短命的,没有经济的人情是空洞的。这亭长一事虽然一波三折,县太爷总算在刘邦的各种入职文件上盖上朱红的官印并签下朱批。萧何直接把刘邦的档案送到了沛县人事局。堂下,县太爷语重心长地敲打萧何道:"萧何啊,这些年你跟随着本大人鞍前马后的,你的工作能力我是认可的,你在沛县是独一无二的,你和曹参都是我的得力干将,都是我的左膀右臂啊!我不是信不过你,是信不过你那位朋友,现在时局这么乱,我就怕他给咱们惹出啥乱子来,到时候大家都不好收场,搞不好,摘了咱们的官帽。我老了,大不了提前退休,可你萧何还年轻,将来的路还长着呢,咱可不能因为一时意气用事影响了自己的前程,那可就得不偿失了!"

人在官场行,不盼着升官发财的那是傻子,从政的人都想保住自己头顶的乌纱帽,这真的无可厚非。萧何自然是信誓旦旦和县太爷说,属下一定多多提醒刘邦,绝不让他给您老人家脸上抹黑等等。

萧何对县太爷的体恤是千恩万谢,马上盼咐手下发公告,并差人告诉了刘邦。每一份工作都源于一份成功的关系,的确不是空话。人家萧何的官场智慧学里,可是充满着现代和谐社会的互利诚信和厚德载物的,他是真正的大象无形,把复杂多变的人际关系处理得恰到好处,而又能做到游刃有余。

做最帅的和尚,撞最响的钟

刘邦也高兴啊,曾以为这一生就这样混吃等死、碌碌无为、浑浑噩噩了。没想到,人过三十却又看到风水轮流转的好风景,混成了旱涝保收的公家人。刘老爹也给祖宗的牌位磕了仨响头,感叹他家祖坟上咋就平白无故地冒青烟了。他那不成器的小三儿咋就攀上贵人了,找了个好营生。这做梦都不敢想的好事儿咋就降到他们家三儿的头上了,国家正式编制的干部啊,响当当的"铁饭碗"。哥哥嫂嫂四邻八舍都来祝贺,贫寒的宅院里一时间变得你来我往、热闹非凡起来。

现在泗水亭公园的飞檐下还题着五个大字:千古飞龙地。这里古来就人杰地灵,人才辈出,刘邦、朱元璋、南唐后主李煜,都是从沛县腾飞的巨龙天子。秦时的沛县县城物产丰富,人口密集,经济繁荣,热闹得很,十里一亭,泗水亭濒临泗水河,风景秀丽,林壑幽美。

历史掀开崭新的一页,那年那月的那一天,刘邦正式结束了他无业游民、待业老青年的苦逼生涯。选了个黄道吉日,那一天风和日丽,古老的沛县县城依如往日的繁华和喧嚣,泗水河缓缓东流,泗水亭办公大楼门前,车水马龙,刘邦被他那群小兄弟簇拥着,正式走马上任了。新的生活充满激情和阳光,在萧何和曹参的支持下,他佩印着冠,披甲带剑,风风光光地出任沛县泗水亭亭长。

刘邦挥手和二进宫、三进宫的生涯说拜拜,这一笔直接从他的人生历史上抹去了!可他到何时都不是让人省心消停的主儿,萧何这辈子注定要为他鞠躬尽瘁,死而后已。这不,上任没三天,这泗水亭亭长刘邦还没出见习期,他就开始折腾起来。初进官场,刘邦是有那么多的不适应,当个小破官儿容易吗?一个浪荡惯了的浪子仿佛孙悟空听到唐僧念开了紧箍咒,光是每天的签到就把刘邦给头疼死了!亭里有事还好说,没有政务处理的时候,让刘邦放牛小子熬日头,还不如让他等死。唉,人生有得就有失啊,想当初爷优哉游哉在街上甩大鞋的好时光都留在昨天的梦里了。如今欢喜都乘时光去,往事不可追啊!

过去,再辉煌也都是历史,怎么着也得面对现实向前看,即使做一天和尚撞一天钟,咱也要做最帅的和尚,撞最响的钟!不错,不错,刘邦可不是目光短浅之人,将来他是要撞响整个大汉最响的钟,响彻九州大地的。眼下,这做亭长最幸福的事,就是挥刀持剑去追捕盗贼,惊险又刺激,令刘邦热血沸腾。谁能横刀立马,唯我刘三爷是也。工作嘛,心态比能力更重要,只要用心去做,无趣的日子也会闪着金光的。

刘邦不能不用心啊。他知道这份工作来得不容易,他还得认真演这出戏。人家萧何拼着力气把自己推上舞台,总不能不给人家颜面,砸了场子。毕竟这饭碗是萧何费心费力费感情费银票给自己争取来的。端人家碗，受人家管，官大一级压死人啊！刘邦虽然太不习惯这种朝九晚五的生活，但还是服从于萧何的管理，并很谦虚地向萧何学习一些混迹官场的经验。其实在泗水做亭长时，有一搭没一搭地在无形中积累的工作经验，是刘邦日后登到金字塔最顶端时铺在最底层的土。既然从政了，每天进步一点点儿，那都是一种成长。所以，我们都不要小看了工作的最初，也许一点儿基层经历，就是夯实你人生高楼大厦的基础。不经意间回首时才发现，彼时的积累都是经验，是一辈子握在手心的财富。

至于萧何，能帮助刘邦在浩荡的官场捞点儿好处，谋了个正经的差事，就是一笔潜在的财富。他珍惜每一个帮助别人的机会，帮助别人，就是变相地帮助自己，给别人拓宽了前行的路，自己的路也会是一马平川。春种秋收，有春华才有秋实。至于刘邦，辉煌人生的起步，良马遇伯乐，从一个待业青年，混成秦朝干部队伍中的一员，到底亦是一种幸福，更是收获一辈子的财富。苦难的岁月总算是翻过一页，阳光的油彩涂满了今天的日子，心想的事儿都能成。

历史，就是这样，说不清究竟是谁成全了谁，是谁成就了谁。人事即政治。萧何天生就是管人事的高手，亦是玩政治的行家。和刘邦的天子气概一样，那都是与生俱来的，不用刻意去表现就会彰显得淋漓尽致。

那些年，刘邦在泗水做亭长的日子，虽然工作成绩不是多么出色，但总算是没有给萧何惹多少大的事端，这足以让萧何紧绷着的心落了地。但是人的脾性是生下就有的，所谓江山易改本性难移，成为正式的秦朝地方小官儿的刘邦，没多久就是猪八戒的耳朵——现了原形。捂着掖着也不是他刘邦的个性，他从来都没有把当官的人放眼里，虽然历史终是把他变成了最大的官儿。

刘邦这人，表面放荡不羁，大大咧咧，其实他真的是有做帝王的慧根的。他看不惯那些好大喜功，正经事儿搞不好，只会干显山露水的事儿，只会做表面文章来虚搞政绩的官员们，这说明在刘邦内心深处是心存百姓的。他的眼里容不得沙子，一看到做官不做事的官爷儿们他就气不打一处来。

甘愿做一个服从领导的新兵

沛县不是大咸阳,也不是大上海,可乱世就是舞台,刘邦在沛县这方舞台上折腾得有声有色。于是,作弄这些只管往自己兜里搂银子的官员们,成了刘邦工作之余最大的爱好之一。

那些被刘邦作弄的官员,也是恼不得,恨不得,说不得,告不得。人家刘邦现在可是名副其实的亭长,不论这亭长的差事入不入得流派,大小都算官儿。再说了,那些官员也不是傻子,个顶个鬼精鬼精的,都在官场混得久了,瞅得见刘邦如今也算是有靠山有背景的人了,萧何和曹参就是他背后两株伞叶如盖的榕树,罩着刘邦安得一方晴天,岁月静好。谁吃饱了没事儿去给自己找不利索,除了在背后问候刘邦的爹娘和八辈祖宗之外,也只好哑巴吃黄连——暗忍着。

但刘邦对萧何却是分外敬重,一来萧何是他这辈子遇上的贵人。他就是一匹不羁的野马,萧何就是他梦寐已久的伯乐,这辈子能够邂逅萧何这样的人,是他刘邦浪荡几世才修来的福分啊!萧何身上的人格与智慧交相辉映,无论是对刘邦的学习啊生活啊工作啊,都有很大的帮助,拥有萧何,他刘邦不枉此生。

刘邦表面上粗枝大叶,可内心却亮堂得跟明镜似的,萧何对他的好,他是眼里有心里有,口里没有。一个男人一辈子能邂逅一个亦师亦友的知己,夫复何求!更别说是萧何成就了他的丰功伟业,这都是后话。再说了刘邦此时只是一个投身官场的菜鸟,初次为政,业务生疏,工作啊为人处世啊,十有八九都得依靠萧何来扶持。这人啊,起点不同,所受的教育不同,家庭、生活、工作和环境不同,这档次都不一样。最近刘邦自己都感觉进步很大,进步大是缘于起点低啊!官场的水很深,别看他只是一个小小的亭长,官位卑微,可上面管着的婆婆却不少,要不是依仗着萧何这称职的顶头上司帮衬着,他这比芝麻还小的官儿也做不好。

刘邦是啥人?重义气的人,他深知水有源,树有根,吃水不忘挖井人,滴水之恩涌泉相报,人家帮我水志不忘,我帮人家莫记心上。感谢天感谢地,感谢命运让他们相遇,感谢萧何的好!萧何对他的这份知遇之恩,生生世世,铭刻在心里。

　　刘邦对萧何为官从政的本领更是佩服得五体投地,他作弄谁,也不敢作弄萧何,萧何是他一辈子放在心上的人。那些年刘邦做亭长,走的是低调路线,因为那时他还没有高调的本钱。当一个男人在事业并无建树的时候,他不会不分白天黑夜吃喝显摆,而是选择锦衣夜行。彼时,刘邦当官儿的日子,虽然官期较短,但他是个甘于服从领导的新兵,不仅对萧何尊重有加,对萧何的同事朋友也都彬彬有礼,对属下他又没有架子。不然,试想下,一个狂妄、目中无人的官场愣头青,天天耷拉着眼皮,看不出眉眼高低来,这样的人一定是个过街老鼠——人人喊打的角儿。

　　所以从这一点上讲,刘邦并非仅是一个无赖。那或许只是一种表象,那是他混迹社会和江湖的一种保护色。他能吸引优秀的萧何把一生押他身上,这说明他的身上的确有过人之处,他不仅豪爽大度,也是搞人际关系的行家里手。

　　物以类聚,人以群分,这鱼找鱼虾找虾,乌龟配王八,都是亘古不变的真理。英雄惜英雄,有才的人彼此间才会惺惺相惜,像有着巨大吸引力的磁场一样吸引着对方慢慢向自己靠近。而萧何对刘邦的心意,绝对是"我的眼里只有你"。

　　萧何在大环境的变迁中,感叹世道黑暗,世态炎凉,他亲眼看见了百姓水深火热的生活,才萌生了另觅新主的想法。人挪活,树挪死,活人怎能在一棵树上吊死?

　　当现状出乎他的意料的时候,当现实真的很骨感的时候,萧何不甘心这样碌碌无为地混吃等死,为不作为的朝廷卖力。刘邦的出现恰好给了他一种澎湃的激情、一种蠢蠢欲动的冲动,让他按部就班的生活死水微澜。

　　如果上苍给他一种他想要的生活,哪怕是一生颠沛流离,萧何宁愿不要大秦给的这份安稳的工作,而是跟随他心中的人儿吃糠咽菜一起打拼,创造一个理想的世界,让天下的百姓都福乐安康。

　　萧何有时也想:"唉,这一生的冤家,我上辈子定是欠了你们刘家的了!这一生从初相遇就注定我为你黯淡了锦绣华年,为了你能大有作为，我甘愿赔上一生，只为能和你一起仗剑天涯。"萧何在这个时期，思想境界就蛮高了，一个心里装着百姓装着天下的男人，他的胸襟一定是坦荡的无私的。

第五章

尽心：培育未来的领导，巧点鸳鸯谱

想领导所想，急领导所急

话说萧何费尽心思，硬是把刘邦拉进了干部队伍。成全别人永远都是美德啊！既然这辈子注定了为刘邦鞠躬尽瘁，那就好事成双嘛！这位未来刘家大院的大总管，不仅在事业上成全了刘邦，在婚姻爱情问题上，更是煞费苦心，他巧借姻缘天作合，为刘邦张罗着娶了结发妻子，正牌原配老婆——吕雉——未来的吕皇后。

姻缘桩桩似线牵，这萧何原来还有做红娘的天分，秘书不是盖的，一个人的潜力终是无限大的。心心念念装着一个人就得操心他的工作、生活、婚姻这些大事的。这大汉未来的丞相、大总管、后勤 CEO，就是从这些表面上看似婆婆妈妈的事情一点一滴干起来的。所以说，不积跬步，无以至千里；不积小流，无以成江海啊！

这刘邦恐怕是做梦都没想到，好事儿咋就一下子都让自己给摊上了。这懵懂之中华丽地一转身，一下子就完成了从待业青年到朝廷小干部的大蜕变，还遭遇美丽桃花运，娶了个国色天香的美人儿，愿得一心人，白首不相离，这话说起来都像是梦啊！都说祸不单行昨夜行，福无双至今日至，还别说一般的男人没这福气，人家刘邦混这份儿上，估计也是前世修来的好福气，这辈子，误打误撞，遇上萧何，恰似天边吉星乍现，好运当头照人来。

跟领导混，脑子就得活络，领导想到的事儿，他率先想到并做到了。领导心里有，但嘴里不说出来的事儿，他也率先想到并默契地做到了。这就是为官的悟性，萧何是一个很有悟性的官场老兵，他擅长举一反三、触类旁通，比如刘邦的婚姻问题。

虽然这只是一段小插曲，但在大汉和谐的乐章上却是不可缺少的一笔。刘邦的这门儿好姻缘，还得从他的老丈人吕公吕名文说起。

这吕公一家祖祖辈辈居于现在的山东省单县终兴镇潘庄村，吕公和沛县县太爷是老乡加同窗，又是很好的哥儿们，私交甚笃。吕公在潘家庄生活得好好的，不知道怎么就惹中了仇家，这仇家也不是个善茬儿，不依不饶地屡屡向吕家寻衅滋事，搞得吕家鸡犬不宁。

话说吕公育有两儿两女，吕雉就是吕公的长女。吕公不堪仇人的骚扰，就和儿女们这么一商量，好吧，咱惹不起但是躲得起啊，孩子们也都同意跟随吕公投奔朋友去。于是，吕公率一家老小你挑着担我牵着马，浩浩荡荡来到沛县县太爷的府上。县太爷看到吕名文拖家带口远道而来，十分热情高接远迎，又是帮忙张罗着给吕名文一家找房子，又是送东西，吃的、用的、穿的一应俱全，和自己家里的一样，丝毫没拿吕名文一家当外人。

吕名文落难之中心中自然是感激不尽。人就是这样，你春风得意时，朋友送你一座金山都感觉在情理之中；落难之时，朋友送几捆干柴，那都是雪中送炭。吕名文唤出妻儿一一介绍给县太爷认识，当吕雉从楼上款款移步而下时，这县太爷直接看直了眼儿，他不免心中感叹："美女啊，芙蓉如面柳如眉。"这吕雉虽不是大家闺秀却也是书香门第家的小姐，容貌虽不是极品，但气质优雅，北国出佳人，美目盼兮巧笑倩兮，浑身上下透着书卷的味道，知性的美女，腹有诗书气自华，刹那间就把好色的县太爷迷得半边身子都酥了。

官场生死事小，面子事大

这县太爷想要啥样的女人得不到？比如来送礼的人花样繁多，让人眼花缭乱，可能他好色的名声在外吧，送吃的、用的、穿的那是俗气，那是落伍，送宝剑、送美女的那是投其所好，那是新潮，甚至还有人搞出奇思妙想要把自己的情人奉献给县太爷的，县太爷暗骂：他妈的，这县衙又不是废品收购站，本老爷我不要二手货！不过后堂里，无论是自己家那些乡土女人，还是外面那些花枝招展的莺莺燕燕，哪个都没有眼前这吕家大小姐的范儿。这吕雉，正是花样年华，含苞待放的年岁，莲花般的容颜，吸引住县太爷这个大叔的眼球也在情理之中。

吕名文给县太爷介绍吕雉的母亲和两位哥哥时，这呆若木鸡的县太爷竟然啥都没听见。也难怪，男子哪个不好色，这叫爱美之心人皆有之。如果吕雉真的是扔人海里都找不到的主儿，估计县太爷扫都不扫她一眼。

县太爷回到家更是感慨万千心中低叹，把吕雉和他后堂里那些妻妻妾妾暗自比较了一番。这吕大小姐气质高雅、容貌超群，越来越感觉他那一大堆女人一个个土里土气上不了大筵席。

仅在吕家大厅里短暂的一面之缘，县太爷就对吕雉念念不忘，就这样失魂落魄梦萦魂牵起来。于是第二天就迫不及待地托人去吕名文家提亲，说愿娶吕家大小姐，望吕公成人之美。

吕名文一听，气不打一处来，哼！还朋友呢！还哥儿们呢！不带这样的！是好朋友好哥儿们有这样缺德的吗？还要娶俺的宝贝女儿，也不看看你自己多大岁数了！把个吕名文气得是七窍生烟，差点儿拍案而起，心里直骂这杀千刀的县太爷是不知道天多高地多厚，癞蛤蟆想吃天鹅肉！谁家愿意把妙人儿似的闺女嫁给跟自己一般大的老头子做偏房呢？就是做正室也不成，好好的黄花闺女，怎么着也得找个年龄相当，德、智、体、美、劳各方面都优秀的新时代五好男人，别说咱家这丫头是个青葱般的白富美，往坏里想，咱就算被剩下，都不能找个爹！对，这县太爷的岁数做吕雉的爹都不为过。自古婚姻讲究个门当户对，讲究个男女般配，玉女配金童，这白富美得配高富帅，谁家的妹子在自己爹娘眼里都是上上品，千挑万选不为过。俺吕家虽然现在是猫人家屋檐下混饭吃，可俺在俺那地盘上还是数得上的好人家。这婚姻之事，万万草率不得。

吕公心中愤懑却也没敢怠慢县太爷委派来提媒的人，如今自己一家是寄人篱下，在人家地盘上讨生活，初来乍到人生地不熟，一切还都得仰仗着人家照应呢，咋能直接打县太爷的脸，让他下不来台！吕名文是个读书人,人在屋檐下不得不低头,这个浅显的理儿他还是懂的。于是,吕名文就和媒人说:"你看我家小女如今也长大了,闺女大了不由娘啊,我这做爹的更是做不了她的主。这孩子从小就被她娘给惯坏了,如今这死丫头非要说时代不同了,男女都一样,她不要父母给包办婚姻,她要追求婚姻自由,自己选择如意郎君。"

傻子都知道这吕名文在找借口推辞,可是偏就这县太爷没感觉出来,一厢情愿地认为这是吕雉这丫头脸皮薄不好意思直接接受。县太爷想啊他作为沛县的东道主,怎么着也得尽尽地主之谊,于是,他颠颠地张罗手下在自己府上开个派对,美其名曰,给吕名文一家接风洗尘,其实他这是秀给吕大小姐看。

是男人就爱面子,爱显摆,这位县太爷也不例外,所以他就是要让这位远道而来的吕大小姐看看他这沛县的一县之主是多么的风光多么的有本事。如果这以后傍上了他,那就是一张长期的饭卡啊!这一生即使不工作宅家里,也能着绫罗绸缎,食美味珍馐。只要吕大小姐能跟了他,这"五险一金"都不用自己操心了,他埋单。他能这么对待吕家,这是吕家祖上修来的福分,吕家的脸,不,吕大小姐的脸比十五的月亮都圆都大。本县太爷就搞个小小的派对,这费用就够你们一家人起早贪黑打拼赚一年的。

官场这些事儿,生死事小,面子事大。

回到县衙,县太爷又开始一遍遍地给手下说,晚上请大家伙都去家里耍一把,喝两杯放松放松。这县衙的人都不是傻子,在县太爷身边侍奉多年了,县太爷玩的把戏,他们都拎得清。这混迹官场的潜规则,人人都肚里明清着呢!

去家里耍,这是纯正当的人情往来,不过这去家里耍,和在外面酒吧咖啡厅耍不一样啊,这个"耍"字可是有言外之意的。在外面还好说,大不了几个人合伙凑份子带几盒好烟,拎几瓶名酒,堵上县太爷的嘴就成了。可人家县令大人在府上设宴,你能赤手攥空拳两袖清风地厚着脸皮去吃白食吗?别说吃白食,少拿个子儿你都进不去门儿。

再说了,这县太爷那话虽然说得含蓄,但话外话说得很明了了,这来家耍,送礼不到一百两的,想去正堂席上吃,门儿也没有!如果你带的钱不到一百两,直接蹭到角门边的小偏厅那下人待的地方,猫个无人的小旮旯里啃干馒头去吧!喝口凉水,还得自己去井里挑。这一放松不要紧,一个月的薪水砸进去都不够,如果这县太爷头脑发热有事没事这么放松一下,手下的人都别活了,勒紧了裤腰带绑起脖子来朝天过算了!

巧为领导添砖加瓦

夜色迷蒙,华灯初上,小城已是万家灯火。沛县县衙后面的家属院里,县太爷家门口,灯火通明,四轮的、八轮的各种牌子的宝马香车络绎不绝,一辆辆鱼贯着驶过来停靠在门边的暗影里。不远处还有半路下来向行人问门的,想必十有八九是来县太爷府上送礼的。

吕公一家人早早地被夏侯婴赶着马车接来府上,奉为座上宾。这县太爷家搞"爬梯",也搞得另类非主流。这堂堂的县衙一秘萧何直接坐一张宽大的办公桌后面,桌上摆着台账,专门负责收钱收礼品并安排席位。这貌似司仪的美差事,自然非萧何莫属,一则,他是县衙的秘书,每天迎来送往认识的人多,这沛县里各个部门的头脑们,包括他们的太太小姐们,就没有一个他不熟悉的。二则,萧何口才好,写得一手好字,县太爷倒也是个知人善任的人,把个萧何摆在这里撑着门面。这萧何就是他县太爷的左右手,沛县县衙的门头招牌,县里开个会啊,上面来个人啊,这里里外外的应酬招待啊,全靠萧何一手安排。

刘邦远远地就看见萧何站在影影绰绰的光影里,正冲着来宾抱拳打拱笑意盎然呢!怕刘邦藐视官人,不来凑场,萧何下班后特意去和刘邦碰了下头。他怕刘邦不知道这事儿,在县太爷面前失了礼,这对以后他的发展不利。既然混到官场中来,就得随波逐流,别人都去,咱也不能特立独行。虽然刘邦当了亭长,可他依然故我,没有把当官儿真当作一回事儿,但他还是按时按点地光临了。还是那句老话,不看僧面看佛面啊,别看县太爷在刘邦眼里不算只什么鸟,可萧何在他心里地位大了去了!

昨天晚上,刘邦一脸认真地对萧何讲,上午萧何派来的那传信的哥儿们很负责,他还特意赏了银钱呢!他早准备好了,一定不会让萧何丢了脸面的,放心好了。敢情,这刘邦去给县太爷捧场还是看在萧何的面子上,他知道他是萧何的人,他不会在关键时刻掉了链子,拂了萧何的脸面。末了,刘邦不忘打趣萧何,对于直接上司的上司设宴款待远方的朋友,他本人压根儿也没啥兴趣,无非就是官家之间摆谱互相显摆自己的能耐和派头,萧何是给自己安排工作的顶头上司,县太爷是给自己发薪水的人,上司和上司的上司得罪了哪个他都没好果子吃。这大男人活在世界上难哪,辗转于官场,违心做事的时候多啊!

萧何边整理着桌边的信笺,边想着昨天刘邦狂吐槽的事儿,一时间忍俊不禁笑出声来。刘邦蹑手蹑脚地走近萧何,众目睽睽之下递给萧何一个大大的红包,折得板板正正的红包上堂而皇之像模像样地写着:一千两整。还没等萧何回过神来,刘邦就扯起嗓子替他吆喝道:"泗水亭亭长刘季贺礼一千两!"门边的众人都惊怔地把目光聚焦于刘邦身上,刘邦向众人回注目礼,并和门口与他相熟的夏侯婴、曹参等人朗声打招呼,然后大模大样地往门里走。

萧何握着手中那个扁扁的红包无奈地摇头,也只有刘邦能做出这种出格的事来,今非昔比,都成亭长了还不改往日的臭毛病,这不才洗手几天又玩起恶作剧来了。

吕名文听到门外一片喧嚣,惊怔了一下忙从内屋迎出来,他想看看外面究竟是来了何方神圣,竟然出手这么阔绰,这沛县真不缺一掷千金的人啊!吕名文礼貌地和刘邦打招呼,并把他领到正堂坐下。萧何急匆匆从外面跑进来,把吕名文悄悄拉到一边道:"吕公有所不知,这刘季惯会狂嗨,说大话,刮浮夸风,他就这脾气,您老别见怪!"

成为县太爷家的座上宾,能迈进这个门槛儿的人,都是县里各部门有头有脸的人物。能进县太爷家要一晚上,明天去县衙里显摆显摆,那可真是薄面生辉啊!县太爷家办的"爬梯",这靡靡舞曲、灯红酒绿里,你出我进的可都是当地的名流豪绅,都是腕儿。放眼这满堂的宾客中,无论是论社会地位啊还是论官职,比刘邦这小小芝麻亭长官位高的人比比皆是,出手狂甩出一百两已够出血了,一个月整这么一大头出来掏包消费,一家老少都准备喝西北风吧!

揣摩领导的心思，心甘情愿做红娘

县太爷家的派对上，这么大排场的聚会，多少人削尖了脑袋想挤进来。小县城里各路英雄人马齐聚首，这是认识县里各个窗口领导的绝好机会啊，走过路过不能错过，破费上点儿银钱来吃一嘴，指不定就能攀上个官人时来运转呢！

话说，一个小小的亭长来随份子吃酒，一出手就是一千两，天方夜谭嘛！一听就不靠谱，这吕名文也绝非糊涂人，萧何冲他使眼色，又和他耳语，他就会意了再没声张。

萧何一脸浅笑望过去，这刘邦早已端坐上首，不管不顾地狂吃海喝起来。萧何无言地笑着出门到门厅把那个没钱的红包夹进别的红包里，并在账上记上了一千两。萧何为了刘邦又一次假公济私，没办法，卤水点豆腐——一物降一物，明摆着周瑜打黄盖——一个愿打一个愿挨，你情我愿的事儿。

吕公望着满堂的宾客也是没闲着，这给人做爹娘不容易啊，他一直想给自己的女儿物色一个可心般配的男人。人不仅要帅，人品还要好，最好有正式工作，有房有车，将来闺女嫁过去也不会受太多苦。可打量着这进进出出的满屋的宾客，虽然不乏体面人，可竟然没有一个入他的法眼。那些看上去长得俊秀一些的吧，比如萧何啦，曹参啦，十有八九都是拖家带口有主的人，剩下那些单身的快乐光棍儿吧，却又长得歪瓜裂枣，自己家的闺女怎么着也是鲜花一朵，怎能随随便便就插牛粪上。

天下无不散的筵席，可是至少，没散的筵席上他要吃得爽。刘邦的思想蛮新潮，那时他就懂得活在当下最实在。他吃饱喝足扒拉完了，直接坐在上座和吕公谈笑风生起来。这吕公瞅着刘邦一怔，众里寻他千百度，蓦然回首，那人正在筵席上首处。还四处寻找啥，眼前这枚酷毙的帅哥可不就是最合适的人选吗？刘邦三十有三，虽然不是青春年少的美少年，却也是仪表堂堂的七尺男儿，男人三十是朵花，少了些毛头小子的青涩、幼稚和少不更事，平添了些沉稳、洒脱与从容。再说了，人家还是端公家饭碗的小干部，虽说在乡镇工作，可毕竟是有正经营生的。

　　这吕名文暗自打量，看刘邦不卑不亢，举止大方，眉宇间透着一股隐隐的英气和掩饰不住的倜傥风流。吕名文虽是个读书人，却特迷信于相面八卦，他瞅着刘邦面相怪异奇特，将来可能会大富大贵。他观刘邦虽然进门时口吐狂言，但他绝不是轻浮放荡之人，这小子有胆、有识、有才，定是块好材料，一定前途无量。

　　如果自己家的妞愿意嫁，将来他再豁出个老脸来，托托县太爷把刘邦给调到县里来，自己的宝贝闺女可就算是终身有靠了，指不定日后这刘邦还真就能飞黄腾达了。还别说，吕名文这所谓的占卜术还真够玄乎的，刘邦还就真借了他未来岳父的吉言了。

　　吕名文到底是上年纪的人了，他没有堂而皇之草率地去问刘邦，而是借出去拿酒的机会，悄悄拉过萧何问道："萧秘书，俺冒昧和你打听个事儿，你和屋里那位刘亭长熟悉吗？敢问这位刘亭长他是否有家下，兄弟姐妹几个？家庭条件怎么样？对待老人怎么样？孝顺吗？"这吕名文到底是外地人，初来乍到的，肯定没出去打听打听，这向人打听刘邦问萧何，萧何能说他不好吗？别人也许拿刘邦不当口干粮，可这工夫的萧何瞅着刘邦横看竖看那都是一个纯熟的豆包——里外全是粮食。兵荒马乱的年代，这就是无价的宝。

　　萧何一听扑哧一下乐了，他心说这事儿敢情好，关着门在家中咋就犯桃花了！自己光忙着给刘邦折腾工作上的事儿了，咋就忙得忘了这茬儿！看刘邦也老大不小了，再不找个合适的妹子以身相许，真成了钻石王老五了。刘邦做无赖混江湖那会儿吧，整天四处放荡，不务正业，无房无车，是硬件问题跟不上，软件方面也有待考察。这谈恋爱就和找工作一样，高不成，低不就，一不小心就混成了齐天大剩，又加上邻里八村的老少爷们婶子大娘大姑娘小媳妇都知道刘邦这些年的光辉事迹，捣蛋恶搞的囧事是一说一箩筐。谁家的爹娘敢把自己的闺女嫁给这么一个不着调的半吊子古惑仔，就这么着整天无所事事，斗鸡走狗，寻花问柳的，即便是饥一顿饱一顿的日子恐怕也过不安生。

　　那些年，沛县被刘邦追过的女孩子肯定是一搂一人堆，莺莺燕燕的都不过逢场作戏，挥挥手都是浮云，正所谓万花丛中过，片叶不沾身。所以,刘邦三十有三了,还扯着未婚的大旗笑傲江湖。其实,在现代美眉眼里,刘邦就是一位潇洒风流的怪蜀黍。

传说刘邦曾和县城里一小寡妇打得火热,这钻石王老五的生活作风问题听起来虽不是很光鲜,但这不恰好说明刘邦很有女人缘吗?

兵荒马乱的青春只有一次,刘邦也是没耍够,女人不是找不到,是不想早步入围城有所牵绊罢了。刘邦的思想很时尚,和现代天之骄子白领精英的时尚婚恋观有一拼,啥时嘚瑟够了,拍拍手找个正经人家的妹子风风光光进城过好日子去。

刘邦真是有福之人啊,这沛县的小草根儿,时来运转成了干部,薪水稳定,有房有车有工作,此一时彼一时啊,这筑上小巢了,还愁引不来金丝鸟啊!

萧何冲刘邦使个眼色,把他召到廊下来,他把吕名文刚才向他打听刘邦的婚姻情况这事儿一五一十地悄悄告诉了他。

刘邦大言不惭地说:"俺感觉自己初步官场压力山大呢,这万里长征才迈开第一步。再说了,大男人横刀立马闯荡天下,就该当先立业后成家,不能只顾得自己儿女情长而误了建功立业,大哥你说对吧?"

萧何当胸捶了刘邦一拳说:"虚伪不你?既然你大丈夫心比天高,那俺就不再跟你废话了,你该干吗干吗去吧!刚才的话算俺没说,俺闲吃萝卜淡操心呢!"

刘邦一看萧何恼了,连忙说他不讲了,请萧何继续讲。萧何展开笑容,对刘邦说:"你别唱高调了,丈夫在世当有为,磨刀砍柴两不误,这事业和婚姻并不冲突,鱼和熊掌咱都要,咱既要建功立业展雄才,也要软玉温香抱满怀,那些无处安放的青春啊,暂且藏一藏放一放,别一个劲儿地口是心非了。哥且问你,你对这吕家大小姐到底来不来电?"

"北方有佳人,绝世而独立,一顾倾人城,再顾倾人国。哈哈!"刘邦刚才在筵席上,匆匆瞥见吕雉的身影,他对吕雉的印象分打得蛮高的。

"这不得了,还空口白牙啰唆个啥,不像个大男人的做派!"萧何猜得到刘邦这家伙是对人家吕雉一见钟情了呢,他乐得成人之美,乐得做一回红娘。

萧何从屋外转回,给吕名文倒了杯酒,用他那三寸不烂之舌把刘邦给美化得完美无缺,把刘邦的那些囧事儿统统忽略不计。连萧何自己都感觉吃惊,他不仅秘书做得超级棒,原来还有做媒婆的天分。人的潜力啊,只要你可着劲儿挖,会取之不尽,用之不竭。萧何一番激情推销演说,把吕名文给乐得是喜上眉梢,大家杯盘狼藉散席时,吕名文使眼色让刘邦留下来。

天上掉下个林妹妹,刘邦自然是满心欢喜,天将降美人于怀中,何乐而不为呢!刘邦听吕名文亲自来说,更是心花怒放,一口就应下了。可是,吕名文回到家和夫人一说,这吕雉的娘,是一百个不同意。她一把鼻涕一把泪地对丈夫说:"我看你这死老头子是灌了二两黄汤鬼迷心窍了,喝墨水喝多了,你瞧见人家县太爷向咱家宝贝闺女求婚你都不答应啊,这会儿巴巴儿地把孩子硬塞给一个穷小子。依我说,这县太爷年纪是大了些,可人家和你是多少年的交情,咱知根知底儿,要是跟了他,是委屈了咱闺女,可这位刘亭长,咱也没摸清底细啊!靠谱吗?"老两口在内屋吵得不可开交。但那个时代是男权时代,女人不当家不做主,靠男人挣钱来养活,经济不独立,在家自然没地位,也没有发言权,即便有,说了也不算。像这样儿娶女嫁的家庭大事,到最后拍板的还是男人。

就在吕名文两口子吵架的当口儿,吕雉进来了,她简简单单就一句话:"父母大人都别吵了,这刘邦,我愿意嫁!"真倒应了那句话,男人不坏女人不爱。刘邦如若真是三脚踹不出个屁来,估计吕雉也不会这么仓促间就押上自己的一生。

其实这个世界对男人和女人的安排,总是阴阳平衡的,这好女人不一定能遇上好男人,好男人遇到的也并非一定是好女人。这是人尽皆知的悖论,好男人挽起好女人的手,王子公主最终过上幸福的生活,这种皆大欢喜的故事,一般都发生在电视剧和小说里。现实很骨感的,一般来说都是丑男配靓妹,鲜花配牛粪,彼此互补才会幸福。

话说,吕大小姐痛快地答应了父亲,吕家老太太一看没了法,只是拍着腿号了起来:"闺女大了不由娘,千说万劝也白搭,嫁了吧!到时候,你跟着这个王老五穿不上衣,吃不上饭,可别怪为娘没有劝你!"吕名文倒是喜出望外,生怕错过了这门好姻缘,他脚底生风地去张罗起来。其实吕名文生怕夜长梦多，这县太爷再来从中插一杠子，到时候他就无法推脱了，赶紧得趁热打铁，选个黄道吉日，风风光光就把吕雉给嫁了，到时候生米煮成熟饭，县太爷也只好死了心。

好干部一手抓工作，一手抓婚姻

真是超前的时代啊，刘邦和结发妻子玩儿的是闪婚，一闪就是一辈子。如今，人家刘邦平地捡了个金元宝，人生的意外之喜从天而降一下子就砸自己头上，人到中年找了这么个年轻靓丽的妹子，他做梦都没想到这天仙妹妹会写在自己家的户口簿上。这风水轮流转，今年到刘家，恍如一梦间，刘邦就事业爱情双丰收，顺顺当当步入成功人士的行列，真是春风得意马蹄疾，一日看尽长安花。

对于男人而言，事业是人生的重头戏，这爱情也不能太看轻。家、国、天下，是一环扣一环的，没有家，哪有国，没有国哪来的天下？凭你心比天高，但得面对现实，高不成低不就会害人的。人生苦短，雁过留声，人过留名，来这世上要一遭，哪个男人不想给这个世界留下点儿什么，特别是在千秋万代之后，留个名号也好啊！一腔热血与激情，不应该随风而去，而应尽情挥洒。甜蜜的爱情啊，关系到一生的幸福。如今幸福从天而降，男人人生最大的幸事都让他给摊上了，特别是想到吕大小姐那翩翩的身影、娇羞的小模样，刘邦想着想着直乐得心里开出一朵花来。

这下可把人家萧何给忙坏了，啥事都得他去张罗，婚礼筵席啊，撺掇着一对新人去泗水河边拍婚纱照啊，采购结婚用品啊，这个未来大汉帝国的大丞相，从给刘邦找工作起就变成一辈子为他劳心劳力的财政部长、后勤 CEO。

这沛县县太爷那个气啊，气不打一处来！他还直寻思呢，这几天萧何总是忙得不见人影，原来是为他人作嫁衣裳去了。直到萧何把刘邦的结婚请柬放到他的办公桌上，他才明白，这忘恩负义的吕名文根本就不待见他这个官老爷，反把如花似玉的闺女生生地塞给那个泼皮刘邦了！

论事业、论官职、论金钱，他哪一点儿比不过那无赖啊！这事儿真窝心,吐不出来,咽不下去,就那么生生地卡在喉咙间,扎得心在流血,关键还是面子上过不去。就一面之缘,就被美女吸住了眼球。要说有爱情,那纯粹是胡扯,爱情不是一眼瞅出来的,是关一个屋檐下慢慢处出来的。

自古男人之间杀父之仇、夺妻之恨,不共戴天。虽然这吕家大小姐,自己连个边儿都没沾上,可毕竟是自己动了心思要据为己有的女人。现在花落别家,这县太爷他能不气吗!唉,希望似火,失望如烟!人生就是七处点火,八处冒烟啊!男人大多自私,就算是自己不愿意要的东西,别人也不能拿了去,何况拿走吕雉的还是个各方面不如自己的破亭长。

这不明摆着出他县太爷的丑啊,你吕名文嫁女儿倒是找个门当户对的主儿啊,偏又找了个官儿都不如自己大的,这不纯粹寒碜自己吗?县太爷虽然很生气,可还是打下牙咽肚子里,也不好声张。

县太爷也是混迹官场的老油条,这搞个女人重要还是自己的官途重要,他心里清楚。只要自己的官位在,车子、房子、票子、女人就都在,天涯何处无芳草,何必非在身边找。不就是一个小小的吕雉吗?又不是前无古人后无来者,只要俺县太爷点个头,县城里啥样的吕雉们不巴巴儿地送上门来啊!这回这县太爷还真算计错了,这吕雉,还真是开创了中国历史上女人临朝称制之先河,这后世的武则天和慈禧太后都是效仿她,跟她学艺的,这都是后话。

话说县太爷把吕名文和刘邦暗骂了好几天,就忍一时之憋屈吧,来日方长,只要他们还在本县的一亩三分地上,总有一天还会落俺手上。刘邦和县太爷之间的梁子从此就算是结下了。

培养一个新人不容易,把新人当领导培养更不容易。为了培养刘邦这个未来的领导,萧何是一手抓工作,一手抓婚姻。有人情的政治是温暖的政治!其实萧何那时也不知道刘邦将来能做皇帝,只是感觉刘邦一定是能做大事的人,敢情这未来的丞相都是这样从最小的事做起来的,皇帝也是从基层成长起来的。

第六章

官途漫漫：萧何送刘邦去服徭役

不管幸与不幸，徭役都摆在那里

花开两朵，各表一枝，咱先表一表沛县之外的大环境吧！

公元前221年，六国中最后一个国家——齐国终于被秦王嬴政的千军万马疯狂踩踏，消失在历史的长河中。

嬴政褪下马甲，摇身一变，成为一统天下的始皇帝。历史的车轮滚滚向前，嬴政黄袍加身，大手一挥指点江山万户侯。

一个皇帝在他一统天下之后，都要大兴土木来彰显皇家的富贵和权势，显摆一下他至高无上的地位和权力。嬴政统一六国之后，为了彰显自己的赫赫权力，让普天下的老百姓都知道他这个大秦的始皇帝可不是泛泛之辈，因此要折腾出个样儿来给天下人看，可真是炫富有过之无不及。

众所周知，举世瞩目的万里长城就是出自这位奇葩皇帝的大手笔。秦始皇的丰功伟绩和为后世做出的卓越贡献暂且不说，单说他搞的这座规模宏大的烂尾工程阿房宫吧！万里长城永不倒了，抵挡得住北方匈奴的入侵，先喘口气儿，咱还要再建一个富丽堂皇的宫殿。

刮天下之民膏，筑宫殿之辉煌。这举世的宫殿阿房宫可不是一口气吹出来的。这本身就是一项劳民又伤财的活儿。每天几十万的百姓泪洒咸阳，如沧海一粟。一如那年去修长城的范喜良，一去无回，饥寒交迫，不堪劳苦，吃不饱，穿不暖，劳病交加，葬身于长城底下。每天都有十几万劳工被拉上工地,一时间搞得老百姓是叫天天不应,入地地无门。三百里阿房宫,掩埋了多少百姓的累累白骨。"峰峦如聚,波涛如怒,山河表里潼关路。望西都,意踌躇,伤心秦汉经行处,宫阙万间都做了土。兴,百姓苦;亡,百姓苦。"后世的诗句可以做证,漫漫黄沙湮没了黄尘古道,绵延的烽火荒芜了边塞小城,一个王朝的兴衰和着百姓多少心酸的长泪啊,是低空有断云,近泪无干土。

像戍边、从军、修万里长城、建阿房宫这样的军中大事,覆盖面之广泛,从城市蔓延到乡村,普天下的百姓无人能逃过。沛县离皇都不近,但是不管你隐于何处总得让你为国家光荣一次。说得冠冕堂皇些,这是刘邦任泗水亭亭长以来,第一次外出公干,出长差。说得直白些,其实是送那些被抓的老百姓去咸阳服劳役,刘邦自己也是这劳工队伍中光荣的一分子,只不过他是他们的头儿。

老百姓被鱼肉习惯了,但也知道这不是什么好差事。这还算是说好听的,说不好听些,刘邦被应征去美丽的咸阳服劳役,像累死的范喜良,这一去,是凶多吉少,十有八九有去无回。

按大秦的兵役、徭役法规定,男子年满十七周岁,都要光荣入伍。彼时,兵役和劳役并没有太明确的界线,都是混在一起的。符合这个年龄条件的男子在户籍所在地当义务兵一个月,还有两年集中在本地或外地服役。本地嘛,不必多说自然是在本县城或是县城附近的州县。这外地嘛,范围广了去了,好比大秦的首都啊,或是去边疆城市戍边啊等等。

这是一个成年男子一生中最悲催的事情。在秦朝官府的暴政压迫下,百姓如太阳底下被炙烤的涸辙之鱼,如何等得急取东江之水救命,只能在水深火热之中徒劳地挣扎,奄奄一息,苟延残喘。要在本地服役,再苦再累,离家近一些,还有生还的可能。这要去外地服役,那就难说了,千里关山重重,背井离乡,此去经年,不知何时能回还。年年战骨埋荒外,征战地,鲜见有人还,是最真实的写照。

话说,刘邦虽然入仕做了官儿,可实在是一个渺小卑微的官职。这场徭役骤然来袭,他逃都逃不掉。大龄老青年,抓住青春的尾巴奉献一把。或许,刘邦就是天生做大事的材料,说去当兵人家眼睛都没眨一下。

不论是幸与不幸,徭役都摆在那里。这未来大汉的开国皇帝,现在要投入为秦始皇修建阿房宫的伟大建设事业之中去,尽自己为人臣民的一点儿绵薄之力,为了大秦皇帝的天下第一宫添砖加瓦。

伤离别,众人相送

刘邦能摊上去咸阳送壮丁这趟美差事,可不是萧何给扒拉的,萧何怎会把刘邦往深水里推?他一门心思想托他到更高处还来不及呢,这一切都拜那位沛县的县太爷所赐。当日,刘邦就一不入流的小破亭长,一穷二白就抢了县太爷相中的妞,县太爷表面上不动声色,背地里还不整双玻璃小鞋给刘邦穿穿啊!俗话说君子报仇十年不晚嘛!真巧,治作刘邦的机会来了,变着法儿把刘邦给踢蹬走了,这县太爷的心里就舒坦了。

估计这县太爷使这一损招把刘邦给支出去,压根儿就没打算让他再回来。至于是死是活,凭他个人的造化吧!如若刘邦当年真的能成为建设阿房宫的一员,实干一番的话,说不定这烂尾工程还能胜利竣工,那大汉的历史将是哪一个版本呢?

沛县县城长亭外,古道边,芳草碧连天,连天的芳草都沾着晶莹剔透的雨滴,那是离别的眼泪。刘邦正率一大队衣衫褴褛的百姓,被一群老乡和朋友围着喝壮行酒,大人、孩子、老人们抱着哭成一团。

一起跟随刘邦多年的兄弟们在海誓山盟,大家你一言我一语,无非就是:"大哥,跟随你多年,此去咸阳,俺们一定和你同甘苦共患难,和你生死与共,永不分开!"

刘邦好在也做亭长这么久了,人缘混得蛮不错的,都说在官场中混得出彩的人,大都很有脑子,刘邦就是这样一个人,有头脑才能混得好。混得差能做皇帝吗?只要做人成功,事业未成功也是暂时的。

送行的同事们都前来握手道别,并塞给刘邦份子钱。大家同县为官这么久,又乡里乡亲的,别看同事是天生的仇敌,也窝里臭,有利益冲突时会争得鼻子不是鼻子,脸不是脸的,可这一旦要分开,反而感觉到了彼此间的情谊变得亲厚起来。这个说:"刘亭长,要出发了,这点小钱不成敬意,拿着路上花。"那个说:"大哥,钱不多,一份心意,出门不比在家,和众兄弟路上买碗水喝吧!"刘邦堂堂七尺男儿被这群同事搞得心里瞬间柔软起来,未免心中楚楚发酸。

刘老爹和刘邦的几位兄长也在送行的人群里,刘老爹拉着儿子的手,老泪纵横,饱经沧桑的老人更清楚这次远行的结果,沧桑的皱纹里都写着担忧:"三儿啊,这是你哥哥们给你凑的盘缠,带上吧,俗话说在家千日好,出门一日难,如今要离家了,这公家给安排的差事,咱不能不去做,远是远了些,爹别的不指望,就盼着你能平安回来!"老人是一千个一万个不放心,刘邦的哥哥也一个劲儿地往刘邦手里塞钱。

这送礼随份子一事,古来就有,譬如孩儿生日办满月,婚丧嫁娶,盖屋垒墙。这男人混在官场,同事之间人情往来更是人之常情。随份儿的不在钱多钱少,随的是人情,随的是人缘,随的是场面儿。混官场最忌讳的就是不懂人事,不懂人事就不懂交际,没有交际就没有人脉,没有人脉就没有财脉和机会。

古道边马蹄声声催人行,夏侯婴的马车稳稳地停靠在路边,萧何第一个从车上跳下来,曹参、夏侯婴紧跟着都跑了过来。这个亲热地搂着刘邦的肩膀,那个熟稔地踹刘邦一脚,二人照例给刘邦塞银钱,并嘱咐刘邦有事吱一声,兄弟们一定赴汤蹈火在所不辞。

另眼相待,聪明人适时表现自己

兄弟们之间的情谊,自从刘邦光荣地一进宫、二进宫时就拉开了序幕。大家因为萧何的关系都与刘邦熟悉起来,日子久了,也都培养出感情来了。纵是心有不舍,又能奈何。

萧何最后一个拉住刘邦的手,把一个信封塞到刘邦的衣袋里,并递刘邦一个红包,未曾开口,心却发酸:"兄弟,这是哥的一点点儿心意,不多,咱穷家富路,别舍不得用。命运的签,让我们遇见,现在又让我们分离,你去受罪,我心已碎。此去山高水长,如果你有什么困难千万别怕麻烦我,被你麻烦我很快乐,记得一定托人捎信回来!"

萧何拉着刘邦的手是千嘱咐万叮咛,一千个一万个的不放心和不舍得。刘邦的脾气,他比以前更了解了,刘邦做亭长的岁月那是萧何最幸福的时光。生怕他惹事,得罩着他,宠着他,护着他,在沛县这一亩三分地上,即使刘邦再整出点儿事端,谁又能动他!可就要远行了,此去天高路远,山一程水一程,他就要离开他的视线了,此番风餐露宿,谁陪伴他风雨兼程?漂泊异乡,何时才能梦回故园呢?萧何倒先柔肠百转起来,惹得刘邦也几度泪湿眼帘。

其实说确切些,萧何这位未来大汉的丞相从现在起就开始做起刘邦的管家婆了,不过是在见习期的管家婆,还是自主自发自愿的。他们兄弟之间早已彼此性情相投,刘邦本人骨子里有绝世的才华,萧何又是个绝佳的超级官场搭档。萧何一路作陪,帮他找工作,帮他娶媳妇,帮他策划反秦起义,帮他治理大后方,一直奔到轰轰烈烈的天下大洗牌,萧何都不曾离过刘邦,和他同甘苦共患难,当然这是后话了。

彼时,刘邦一只手拉着萧何,一只手安抚地拍拍萧何的肩:"大哥对我的情谊,兄弟都刻在心里了,既然离别难免,别送了,回吧!"萧何执意把刘邦他们送出十里长亭。

萧何、夏侯婴和曹参站在马车边上,远望着刘邦和众人慢慢远去的身影,依稀看到刘邦策马几度回首,那骏马引颈长嘶着在原地转了几圈,刘邦牙一咬,长鞭一挥,身影远去,身后是长长的劳工队伍。萧何才怅然地上了马车。

刘邦率众人浩浩荡荡地走出沛县县城,上了通向咸阳的国道上。城内城外两重天,这里和沛县城里却是截然不同的景象,路边草枯叶落,秋色已尽,刘邦掏出萧何的信,他那飘逸俊秀的小篆平铺眼前:"当你背上行囊要远行,我唯有把泪留在心底,面带微笑用力地挥挥手,祝你一路顺风,家里的老人、嫂子、孩子我都会照顾,等你归来。这漫漫征程,你若安好,便是晴天;若不安好,我自横刀向天笑。"刘邦轻抚着萧何送的红包,礼金是别人的两三倍之多,不免百感交集。萧何并非世俗到只会用金钱来表达自己的情义,这是出于对刘邦的另眼相待。这一生他与刘邦深厚的私人交情,如泗水河的水澄澈又透明。

刘邦是有胆有识的男人,他忽然得上这烫手的美差事,心里多半也明白,是县太爷对他的特殊安排。但他也明白,有一个道理不用讲,战士就该上战场。咱刘邦倒真有了大风起兮云飞扬的豪情与大气。

他相信，车到山前必有路，船到桥头自然直，遇上事儿，就往最坏处想往最好处做，除此之外，别无选择。

萧何下了班儿是刘邦的兄长，是哥儿们，上了班，是刘邦的顶头上司。秦时明月，悬挂在那年的树梢，挥洒着满地银辉。正是刘邦身上这种不向命运屈服又敢于担当的优秀品质，才让萧何坚定无比地跟着他。这个时期的萧何只是单恋着，一个人的自给自足，一厢情愿的付出。

这是萧何对刘邦的感情投资，把刘邦打造成乱世之中新复合型的领导，这充分显露了萧何独特的眼光和过人的胆识。官场中的机遇，如流星划过苍穹，机会一闪而逝，不会平白无故地给那些凡事讲求稳妥的人。萧何做事稳重，为人小心谨慎，就这一件事，是他一生中最大的冒险和押宝。人家萧何，不玩儿就不玩儿，要玩儿就玩儿大的，玩儿别人没有玩儿过的。恭喜萧何，他赢了，他一路高歌笑到最后。如果他真的输了，大汉的历史将是另一番光景。

第七章

逆境：刘邦落草芒砀山

致命关口，人生就是选择

话说刘邦率众兄弟和那些衣衫褴褛的劳工日夜兼程，这一天终于到了今河南地界上的芒砀山一带。今日之芒砀山，林壑优美，这块风水宝地，绽放着古老的魅力，让游人如织。秦时的芒砀山地界，密林阴郁蔽日，河流湖泊交错，和沼泽地相连，是历来兵家的必争之地，刘邦斩蛇的故事，让古老的芒砀山蒙上一层神秘的色彩。

这工夫，大家又累又饿，就坐下来饮酒解乏。一路奔行，大伙儿也知道这趟不是什么美差事，瞅着咱这位带队的爷，不像是那些拿着皮鞭的官爷，倒是蛮面善的。趁着现在管理松散，还是寻个活路吧，于是大家走的走，散得散，逃的逃，余下来的人不多了。刘邦更是懒得去管，干脆睁一只眼闭一只眼，这漫漫征程，离咸阳遥遥无期，估摸着等到了地头，自己就混成光杆儿司令了。自古盛宴必散，凡事不能好过了头。自己这段也忒顺了，从一个社会闲散人员混成了公家的人，还时来运转又讨了个天仙般的老婆，这好事咋就都让自己给摊上了，好事不过三啊，这人啊，一辈子是啥命不是算出来的，是活出来的，这辈子注定了自己躺在地板上就到不了炕上啊！

秦时的徭役和劳役相当苛刻与繁重，每年迫不得已被拉进徭役大军的百姓是多如蝼蚁。百姓被逼得妻离子散，更是怨声载道，为了活命都纷纷逃离。

刘邦是押解的头儿,他大致上扫了一眼,瞧着这些因为长途跋涉而疲惫不堪的百姓,年长的,岁数都超过自己的父亲了。年少的,很多都是初为人夫或者人父,还有未成年的。看着稀稀拉拉的队伍,他知道即便到了咸阳,他这公家的"金饭碗"也算是砸了。就算他刘邦有三头六臂,是千手观音,发扬愚公移山的精神,他一个人也干不完这劳民伤财的活儿。民工们都散了,他自己会受到重刑。此时,他既无力阻止民工们的逃离,也明摆着完成不了上面交派的任务。如若此时,硬是对着这群善良的手无寸铁的百姓挥起手中的鞭子,驱赶着大家到了咸阳,估计他自己也落不了多少好处,大秦的律法残酷着呢,跑一个役夫,处死没商量。

此时的刘邦是进亦难,退亦难。他心想,不是臣罪该万死,而是死一万次都不够。可他又是哪门子的臣子呢?秦始皇天宫里闪烁的明星,纵使光芒万丈像太阳,也普照不到他小小的刘三儿头上来。那他活得好好的,万死值得吗?每一个险恶的浪,都有浪花绽放,他决定边冲边欣赏。两难中,刘邦是思忖良久,权衡再三,终于做出了抉择。

刘邦的心中洋溢着激情,他大手一挥招呼过来众人,朗声道:"众位老少爷儿们,咱们都是饮着泗水河水的父老乡亲。大家跟着我一路风餐露宿,咱们到咸阳是做什么,想必大家都有数。谁不是父母生养的?谁没有家小?可我们背井离乡、抛家舍业是去做什么?去遭罪,去送死。到了地方,就是咱们拼死拼活完成了任务,都不知道能不能活着回来!我刘邦明人不做暗事,趁着现在月黑风高,大家来我这儿领点儿盘缠,有亲的投亲,有友的靠友,各自逃活命去吧!"

大家齐问:"那亭长您呢?"

刘邦豪放地一笑:"路见不平一声吼,吼完继续朝前走,穿别人的鞋,走自己的路,让他们找去吧!"那年,刘邦在丰乡境内,将民工全部放走。

还别说,人家刘邦还就是有做大官的豪情和胆量,换作你你敢吗?做人成功才能做事成功,做事成功才能做官成功。林中有两条小路都望不到头,他站在岔路口,伫立了许久,向左可能是绝地逢生,向右可能是生命不保。人生就是选择,尤其在这样致命的关口。刘邦,果断地做出了人生的抉择。心有多大,舞台就有多大,刘邦的舞台就是整个大汉。萧何果然没有看错他。

破釜沉舟是一种智慧

就在这一夜,刘邦带领自己的兄弟和那些感念他仗义勇为的百姓,一起逃进了芒砀山。山高林密,一行人跌跌撞撞行走中,一条大蛇突然拦住了去路。众兄弟吓得抱头退回,想另觅出路。刘邦刚才为那些选择离开的百姓送别时,不是饮了几杯薄酒吗?此时酒壮英雄胆,他大喝一声:"好男儿行走江湖,有啥可怕的?"说话间剑已出鞘,那条大蛇被一斩两段。这就是风靡了沛县好多年的刘邦斩蛇的故事。

行侠仗义打抱不平,两肋插刀笑傲人生,刘邦如果当年上了武当山,那功夫一定比白眉大侠有过之而无不及。当断不断,难成大器,男人在危急关头就得学会稳健抉择,拥有当断则断的魄力。此时,刘邦作为一个官职卑微的小干部,他用行动诠释了一个男人的誓言,在他的干部生涯中书写下最出彩的一笔,也画上了一个句号。他在两难中决绝地断了回秦朝的路。这么漂亮的赌局,一般人不敢押宝,幸好刘邦赢了,要是输了,株连九族给家里惹来灭门之灾,那历史将会是另一番模样了。

上帝永远都是公平的,为你关上一扇门,就会打开一扇窗。塞翁失马,焉知非福。除了一直跟随刘邦的兄弟,还有少数感念于他仗义的百姓也舍不得离去,他们集体起誓说愿意跟随刘邦破衣烂衫走天涯。刘邦也感动地说:"我们是兄弟,兄弟情深,有苦同享,有难同当。这一句誓言不管你们是否记在心里,我刘邦这一辈子都永远不会忘记。"

摔碎公家的"金饭碗",破釜沉舟,这一次,刘邦没给自己留后路。此一时彼一时,昨天还是堂堂的亭长,转眼间现在成了孤家寡人,又变身为混世魔王落草山中,身份角色不停变换,朝不保夕,亡命天涯。

月黑雁飞高,山里的夜晚寒气袭人。

大家无处容身,刘邦和众兄弟勉强凑合了几晚,白天隐于山中,晚上出来透透气。和土匪唯一的区别就是他们现在没有去打砸抢烧,没有偷鸡摸狗,没有劫财劫色,身上只有离开沛县时大家周济的那些盘缠。刘邦这人天生又花钱大手大脚,不是持家理财的主儿,三下五除二,出门时带的钱已被他折腾得差不多了,眼看着就弹尽粮绝,活人不能让尿憋死啊!在家靠父母,出门靠朋友,危难落魄之时,刘邦想起的第一个人会是谁?

话说自从刘邦率众人离开沛县,萧何这心里就天天不上不下的,总感觉少了些什么似的,他音讯全无,也没有派人来联系他。

网络时代,距离的概念已渐渐模糊,天下都是一个地球村。所谓的天涯海角有时不过一抬腿的距离,可在秦时,在古代,一旦离别就会杳无音讯。交通不发达,通信跟不上。出门除了骑马,就是用腿丈量地球。烽火连三月,家书抵万金。赶上乱世,到处兵荒马乱的,这抵万金的家书往往会石沉大海,当辗转飞到当事人手上的时候,有时早已此去经年,物是人非。

刘邦远行的日子,萧何温了壶相思酒,就把往事喝了个够。以前,上班时刘邦会来到萧何办公室请示工作,向他请教他怎么管理亭里的事儿,谈谈治安管理的事儿,谈谈和同事相处的事儿,他会很熟稔地坐在他对面的椅子上,食指和中指夹着一支香烟酷酷的样子。不管别人怎么不看好刘邦,在萧何的心里,刘邦就是个宝贝,就是一只潜力股,他只是没有赶上好机会而已。如果上天再给他一次机会,他会手握杠杆撬起整个地球。

距离产生美,也产生了牵挂。萧何几乎天天都在通过各方渠道打探关于刘邦的消息,可是没有一个准信儿,他是牵肠挂肚,费尽思量。倘若不是公差在身,恐怕他早就背个包袱寻刘邦去了。

刘邦落草芒砀山的消息,终于传回了沛县。萧何对刘邦的思念之情,都堪比吕雉了。只是为了安全起见,萧何没有去山里看刘邦。而人家吕雉,一个青春妙龄的小少妇,在娘家从小就没吃过苦,一进刘家门就挑起家庭的重担,在家替刘邦照顾老小,孝敬爹娘。彼时,刘邦触犯了大秦国法,拍拍屁股一走了之,可怜了吕雉,牵念流亡在外的丈夫,还时不时冒着被抓的风险,一个人跑山里给刘邦送吃的送穿的。

大家都知道的,刘邦是个不按常规出牌的男人,他成了家就能安守本分在家过日子是不可能的。他在泗水做亭长时,别看官儿不大,但事儿不少,刘邦还蛮敬业的,整天为了公务和应酬,忙得跟个陀螺似的不着家。忙着上班也就罢了,若是刘邦在家,他也会呼朋引伴,约上萧何、曹参,还有他那帮兄弟卢绾、周勃等,对酒当歌,感叹人生几何。卢绾是刘邦同年同月同日生的兄弟,自打穿开裆裤就一起玩儿的发小,相亲相爱一起长大。刘邦做无赖时经常惹上官司,到处躲藏,卢绾不离不弃、相伴相随。他是未来大汉开国将领,官至太尉,备受恩宠。

周勃早年卖过蚕具,给人家发丧时做过吹鼓手。他后来成为汉初的军事家和政治家,敢情也是少年励志的楷模,于市井中,曾做过名不见传的营生。

这是未来大汉帝国的两颗新星。看这二位的出身,就知道英雄不问出处。刘邦在沛县这帮兄弟,都是起于微末的平民草根儿,还都在不久的将来一起登上了大汉的历史舞台,成为精英一族。

刘邦跑了,这大秦的县太爷能饶得了刘家吗?跑了和尚跑不了庙,公仇私仇一起报,吕雉沾了丈夫的光,就被关进了沛县的大牢。

萧何的心都让刘邦给揉搓碎了,而今吕雉偏巧又出了事儿。刘邦是大丈夫,到山里顶天立地去了。可怜了萧何,每天在县里忙完公务还得抽出时间来帮忙照看刘邦的一家老小。他义不容辞,他责无旁贷,自从他和刘邦美丽邂逅,他主动自愿地把自己送到刘邦身边,为了刘邦愿意做任何事,当香烟爱上火柴,许下的诺言就是欠下的债啊!

好属下为领导雪中送炭

突然听见通报,刘邦的信使到了,萧何是又惊又喜,忙关上办公室的门一迭声地问:"刘邦他们还好吗?现在到哪里了?粮食够不够?身上还有钱吗?"那信使衣衫褴褛,并不惧怕萧何,干净利落地冒出一句话:"萧秘书,三哥让我来联系你,我们被困深山密林,兵乏马困,弹尽粮绝,米、面、粮、油统统全要,越多越好。"这信使就把他们这一路上的种种经历,一五一十地给萧何说了一遍。萧何听后唏嘘不已,叹只叹刘邦为人宽厚,放别人一条活路,可自己的路呢,都给堵死了。这好好的,才离开一会儿的工夫,这不又落草为寇了。萧何是又是气来又是急，下一秒，他马上派人去联络曹参、周勃、夏侯婴，通知他们都在曹参处集合，他马上过去有要事相商。张罗完毕，才想起那信使还在门边候着呢，这又慌忙吩咐下去安排信使先去客房候着，这才急匆匆地离去。

这慌慌张张的可不像萧何的做派，他按捺住内心的不安，赶到曹参那里，夏侯婴、周勃、卢绾等兄弟早就恭候多时了。全是自己人，萧何也没顾得上客套，把刘邦等人在外面的情况告诉大家并共商对策。关键时刻该出手时就出手，患难见真情。大家都慷慨解囊，把自己的私房钱和家底掏出来，只愿能把刘邦救出水深火热的境地，无一人不倾力相助。

这里，萧何代刘邦谢过大家，一行人鱼贯着到市场上疯狂扫货，闪电般装上马车，最后由夏侯婴负责偷运出城，接济刘邦去。其他人坐镇家中，萧何比任何人都想随车而去，跟刘邦相聚，去看看现在他过的日子，最好和他一起私奔浪迹天涯。可是如果县衙办公室的秘书萧何私自跑了，捕头曹参私自跑了，这沛县的领导班子缺了大腿，还不全瘫痪了啊！再说了，萧何不是一个莽撞行事的人，他先派夏侯婴去前线探探军情，自己也好做到知己知彼，做到心中有数。

牵肠挂肚归牵肠挂肚，魂牵梦绕归魂牵梦绕，萧何可不能乱了阵脚。刘邦都已不安生了，他自己可不能再莽撞了。萧何混迹官场很多年，精于人事，知道人生在世，事业为重，他对刘邦的心已是清晰明了，培养一个干部不容易，培养一个领导更不容易。守得青山在，不怕没柴烧！要尽全力保住这颗火种，他日才有机会点起燎原之火。这未来的领导如今注定命中多劫，天将降大任必先苦其心志。自己得以大局为重，不能乱了方寸，乱了阵脚。

直到夏侯婴从山里归来复命，萧何才真正放宽了心，这萧何比以前更加日理万机了，直接变身加班达人。聚焦时事，放眼洞观秦朝政局的风云变化，是萧何每天必做的功课，他在潜心寻找时机。

趁今日埋头苦干，免他日仰仗他人。做好县衙里本职工作的同时，又有了业余兼职，磨刀砍柴两不误，萧何的生活过得比以前更充实了。以前还能朝九晚五，现在直接以县为家。萧何这种爱岗敬业的表现让县太爷更加欣赏,时不时还打赏些加班费,但都被萧何拿去充了公,作为前方抗秦反秦将士的活动经费。

自从傍上刘邦,萧何的业余生活却变得单调起来,以前时不时还能呼上夏侯婴,唤上曹参,再捎上比较体己的同事们,出去喝个小酒,打打牌,娱乐休闲一把,反正打着上班的幌子,夏侯婴、曹参都有车也方便。现在生活直接变了个样儿,自从谋上这第二职业,萧何所有的业余时间都被这项伟大的工作给占满了。不仅他,连夏侯婴、曹参都整天跟在萧何屁股后面忙得脚跟不沾地,枯燥乏味的生活,有了新的光彩,有了新的动力,日子越过越给力,欢欢喜喜地往前赶。他们三人成为最佳加班组合,时不时驾着马车出去采购生活必需品。他们所在的沛县,就成了落草芒砀山的刘邦一干人的后勤和物资供给站。刘邦落草的日子,因为有萧何这个坚定的大后方的鼎力支持,才得以在山野中顺利度过这段最艰难困苦的时期。

刘邦自从傍上了萧何,就找了一张长期的饭票。在刘邦没有变身沛公之前,萧何就是他的后勤部长,他以实际行动给了刘邦一个团结稳定的大后方。只要刘邦从山里派人送来信儿,萧何绝对没有任何借口,只有服从,就像西点精神一样百分之百地执行。他一定会马上行动起来,动员一切可以动员的力量,团结一切可以团结的人,不顾辛苦,排除万难,全力以赴地为前线那些流亡的抗秦将士们筹备物资和钱粮。哪怕把这些年来他自己小金库里的钱全拿出来充了公,他也奉献得心甘情愿。

萧何这个人最大的优点是人际关系搞得八面玲珑,善于与人共事。曹参、夏侯婴是自己的朋友,为己所用,往私里讲这是友情支持赞助,往大处讲是团结协作,励精图治共谋大事。男人这一生,事业为重,家、国、天下全装心中。这周勃、卢绾可都是刘邦的兄弟,如今也听命于萧何,在暂时和平的大后方,全力支援流亡在外的刘邦。一个人的力量终是有限的,任你长着一双如来佛的手,也捂不过天来。可是你的身边要有一个团队,众人拾柴火焰高。这萧何真有两下子,这世间事,无非是这样:一心一意,万事可为;三心二意,一事无成。

一个人的人品和人格都是谋事成事的基础。一个人格低下、人品低劣的人即使他靠投机和钻营做了官,往往也会心术不正,走些歪门邪道,难以全心全意地为百姓服务。

在刘邦面前,萧何是一个合格的好属下,有优秀的执行力,对于领导的决策和任务,从来都是没二话,执行、落实、再执行。

在属下眼里,萧何是一个好领导,有着超乎寻常的智慧和最优秀的领导力。找借口推托一事,绝不会发生在萧何身上。

第八章

险中求胜：接受起义大潮来袭

起义打响反秦第一枪

眼看北斗七星坠入地平线，瞬间，英雄豪杰如鬼魅般出现。望苍天，四方云动。剑在手，问天下谁是英雄？

时光兜兜转转便到了公元前 209 年 7 月。大秦朝廷又征了一大批贫苦老百姓去渔阳服役戍边，即今天的京津冀一带。大秦的首都是咸阳，那北京密云一带都算边塞了。这和刘邦率一群劳工去给秦始皇修阿房宫一样，明摆着又是一个有去无回的活儿。

此时，这一行九百多人，有老有小，稀稀拉拉的劳工队伍像一段绵延的万里长城，在差官的押送下行走在漫漫官道上。衣衫褴褛的百姓，每走一步都离地狱更近一步。繁重的劳役、兵役，百姓苦不堪言。那烽火连年的岁月，老百姓就是黑夜里的行人，永远都看不到黎明的曙光。彼时修长城，筑阿房宫，守岭南，修大坟，都是华丽的大工程，需要二三百万劳力，然而全秦总人口才不过区区两千万。正所谓年年白骨埋荒外，由来征战地，不见有人还。

这支队伍到达现安徽蕲县镇大泽乡时，适逢暮秋，天降暴雨，雨水连绵不断，道路都被大水冲毁了。这些劳工累的累，病的病，队伍几乎难以前行，现在天公不作美又误了时辰，根本无法按照预定的时间到达。

前面说过大秦的律法很残酷，逾期不到斩立决，领头的陈胜和吴广一商量，横竖都是个死，天无绝人之路，不如反了。于是二人杀了押解的将尉,发动兵变,打响了反秦的第一枪,并建立了张楚政权。

雷鸣电闪之间,大秦的天就变了。陈胜、吴广起义的消息传遍大秦的每一个州县,起义的烽火很快地蔓延着。沛县离安徽小刘村不远,萧何上班就听到消息。曹参差属下来通报最新情况,隔壁的同事们正在眉飞色舞地八卦着,整个县衙都是人心浮动。这个特大新闻,在大街小巷传得沸沸扬扬。三两人聚首之处,必在讨论起义的消息。每个地区的公告栏贴满了朝廷的通缉令,头版头条处处可见陈胜、吴广的巨幅画像。

萧何一流的政治敏感度,既是与生俱来的,也得益于后天的好学上进。不论何时何地,都是知识成就未来,这不是空话。萧何见闻广博,学问渊雅,人情练达,洞明世故,更是慧眼观天下。大秦当局正兴师动众地忙活着去镇压起义军。萧何闻到了空气中都弥散着战争的味道,仿佛听到了铁蹄踩踏、鼓角争鸣的声音,秦朝的高楼大厦即将坍塌,秦朝真的走到了崩溃的边缘,灭亡只是个时间问题了。但凡成功的人都有强烈的欲望,萧何的心里正惊涛拍岸,席卷着狂澜,他眼前浮现出刘邦的身影。

大秦江山原本可以说像一个铁桶,嬴政统一六国,举世瞩目。如若大秦政通人和,百姓安居安业,经济繁荣,社会一定和谐地向前发展;然而,如若一个国家动荡不安,经济萧条滞后,老百姓生活在水深火热之中,纵使没有外敌入侵,也会从里面腐烂起来。这摩天大厦就像新花被盖鸡笼——外面好看里面空,说坍塌就坍塌了。一个国家的兴衰,和一个人的生老病死是一样的,都有一定的过程。

萧何一番忧国忧民的长谈,让曹参、夏侯婴、卢绾、周勃等众兄弟的脸色变得凝重起来。

只有选对人,才能改变命运

彼时莽苍,长夜未央,剑刃出鞘的寒光,将这天下照亮。

萧何睿智的眼眸里透着一股异样的光芒:"兄弟们,没有横征暴敛,就没有揭竿而起,这样的爆发已积蓄多时,迟早会发生,这是大势所趋。"

曹参是武将，直爽地往桌上一拍道："痛快，真他妈的痛快，杀了这些贪官污吏。这个世界太混乱，很多人太浑蛋……"

夏侯婴的眼睛里更是闪着兴奋的光芒，他凑近萧何，对曹参结结巴巴地说："你们说怎么干吧？三哥……三哥那边最近来信了吗？"

咱中场八卦下刘邦做泗水亭长的那些事儿。

在那段日子里，夏侯婴趁着驾车送客的时候，时不时拐到刘邦的办公室去坐坐，喝杯茶，聊聊天儿，陪着刘邦打发打发闲散的时光。

有一天刘邦心血来潮说要学开战车。开战车是秦朝时尚男人一项很重要的技能，刘邦也想多学两招，艺多不压身嘛。万一沛县哪个旮旯里有匪徒伤人，他刘邦可以耀武扬威地开着战车去追捕，那是件多么拉风又快意的事儿呀！其实说白了，主要还是因为刘邦刚参加工作时一腔热血，瞅着夏侯婴单位里的战车很好玩儿，撺掇着夏侯婴开出来，教他耍下。

夏侯婴为人义气，又是志同道合的好哥儿们，便偷偷地把战车开出来教刘邦。别看刘邦天天混江湖，却真没鼓捣过这稀罕玩意儿，上车后手脚并用都忙活不过来，一不小心战车就失去了控制，向夏侯婴冲了过去。结果，夏侯婴挂了彩，战车也磕坏了。刘邦歉疚地对夏说："老弟啊，这事做大了。私开公车，已是违犯条例，会受重罚的，这可怎么办？要不，要不就说我们俩是闹着玩儿不小心摔伤的。"

夏侯婴和刘邦关系铁啊，怎会把他给供出去，就咬牙把这事给扛下了。

县衙的领导们都不傻，夏侯婴身上的伤怎么看都不像是摔伤的，连萧何求情都毫不管用。夏侯婴获了重罪，不仅被打板子，还被判一年有期徒刑。然而从此以后，夏侯婴和刘邦就结下了更深厚的情谊。

此时就算夏侯婴不提到刘邦，萧何听到农民大起义的新闻时，想到的第一个人也是刘邦。在他的心里刘邦就是一棵顶天立地的大树，是能够撑起一片晴空的。当然他把他当作未来的领导来培养，是梦想着让刘邦这棵大树枝叶繁茂，为这天下的百姓遮一方风雨。

熙熙攘攘闹哄哄的乱世，是多事之秋。大厦将倾，终将家亡人散。萧何清楚只有选对人，才能改变命运。话说这天下的事儿，唯有深谋远虑的人，才能根据现已发生的事儿来推断将来要发生的事情，这叫政治远见，正所谓是见微知著。这类人对信息的捕捉和掌握，是迅速、全面、及时、准确的。在整合信息的过程中，能够做到未雨绸缪，防患于未然，继而做出正确的决策。

萧何就是一个有政治远见的人，他似乎眼看着大秦正披着落日余晖，登上了即将沉没的快艇。

萧何配戏，与县令密谋反水

县太爷这会儿正猫在大堂上，扒拉着自己的小算盘。他这心里是七上八下，没个着落。秦朝要是垮台，谁最先顶不住？还不是那些显贵高官吗？他们生怕长江后浪推前浪，一朝天子一朝臣把他们无情地拍死在沙滩上。头上的乌纱帽摘了，官位清零了不要紧，头等大事是保全自己的身家性命。

现在，外面风云突变，那群泥腿子土棒子没王法了，居然闹腾着在太岁头上动土了，还真敢反了。想起刚才听朋友传来的小道消息，邻县好几个当官的都失踪了。唉，县太爷是冷汗涔涔啊！再不想个辙，估计今晚爬上床，都不知道明早还能不能看到第二天升起的太阳。

这县太爷挥挥手差人出去，不到一盏茶的工夫，萧何和曹参齐刷刷地站在他的办公桌前。县太爷也没费话就直接对他们说：“想必二位都清楚本县急匆匆地把你们找来的用意。早上的布告都看了吧？形势逼人哪！你们都是我的左膀右臂，这是关系到咱们身家性命的问题，可不是开玩笑，所以找你们来商量一下对策。”萧何和曹参对望了一下。

“这么说吧，我明人不说暗话，眼下这帮泥腿子快要杀到沛县来了，你说咱们该怎么办？”县太爷硬是把皮球踢给了萧何，那眼神分明是在问：“此事你怎么看？”萧何如果回答：“这么重要的敏感问题大人怎么问属下？”明摆着是不尊重领导。他如果回答：“好啊，咱们两耳不闻天下事，任他绵绵战火还能烧到咱家门口来吗？”县太爷指定骂萧何掩耳盗铃，这么多年的秘书白干了，连最起码的政治敏感度都没有。

“大人一向英明，立场坚定，斗志昂扬，您的意思是说，咱们咔嚓了那帮叛贼吗?"曹参配戏似的作势拔出佩剑,唰地一比画。

县太爷大笑:"哈哈,此言差矣,我的意思是说咱们来个倒戈,直接加入到他们的阵营中去!"

这回轮到萧何闻言色变,大吃一惊了,曹参也惊怔地抬起头来。

紧接着萧何和曹参又是相视一笑,心想这钝嘴巴的小鸟还想到磨眼里挑食吃——这不欠扁吗?莫非他真想反水?没有信仰的人真可怕,简直就是一棵墙头草,哪边有风哪边倒。

萧何的嘴角挂着一抹不易察觉的笑,他一本正经地问县太爷:"大人,您想,这些年,您也给大秦当局当牛做马,立下了汗马功劳。且不说远的,单说最近您费心费力地为大秦征夫去咸阳修阿房宫这事吧,您功不可没啊!坊间百姓都知道您是大秦的得力干将。您说您现在要背叛大秦,人家那些起义军,不,那些贼子们会相信吗?就算陈胜和吴广那两个头儿会虚情假意地欢迎您,他手下那些泥腿子们也不会买您的账!您忘了上个月咱们派人去押送的那些劳工的眼神吗?那种仇恨的眼神,都能杀人了。我看咱手中的白旗还没有打出去,人家就抹了咱们的脖子了。"

萧何长篇大论的糖衣炮弹夹带着恐吓,把县太爷给搞蒙了。加上外面风声传得紧,县太爷本来就恐慌,巴望着这两位属下能给自己出个好主意,现在倒好,让他们给吓得腿肚子直发软。但县太爷没有生气,萧何是他的心腹干将,绝对信得过,这些年,可以说县太爷对萧何是言听计从。他哪里知道萧何的心早就扑在刘邦那儿了。

县太爷瞅着曹参一直在擦拭手中的长枪,就问了句:"曹所长,你看呢?"

曹参瞅着萧何一本正经的样子心里直想笑,可他非常默契地回答:"属下认为萧秘书说得有道理。"

接着县太爷竟然给萧何倒了杯水,请他继续分析局势。

萧何惶恐地站起身,双手把水杯捧给县太爷,并把已经慌乱得六神无主的县太爷扶到座位上,说:"大人,属下有个拙见,不知道当讲不当讲?"得到首肯后,萧何接着说,"属下斗胆讲了,如果您觉得属下说得对,就笑纳;如果您觉得不对,就当我啥都没说,咱们再从长计议好不好？"

萧何刚才就是想试探下县太爷，别只说不干，到时还没起义，他先把自己给卖了，自己的小命搭进去不要紧，最重要的是会拖累刘邦。现在看来县太爷主意拿得挺结实的，便顺水推舟地把县太爷推进水里，目的还是要鼓动县太爷反水，为刘邦开路。

县太爷一个劲儿地直点头，水也没喝，示意萧何讲下去。

萧何道："属下认为咱们应该把芒砀山里的那帮流窜犯给召回来。听小道消息说他们现在也有百几十号人呢，那些人可都已修炼得有勇有谋，特别擅长山地作战。到时候，把他们招到您的麾下，这无形中就壮大了咱们自己的力量啊！在您的统一指挥英明领导下，咱们雄赳赳气昂昂蹚过泗水河，挺进咸阳，端了大秦的老窝。到那时咱们就是先遣军，前途繁花似锦！"

县太爷听得两眼放光，仿佛看到了光辉灿烂的明天一样，他是个老油子啊，知道只要自己的红顶子摘不了，官位保住了，有了前途，就有钱途啊！县太爷腾地一下站了起来，扫了萧何一眼："可是，你觉得那些聒噪的刁民能听本县令的吗？"

萧何请他坐下："大人，咱们这可是借助他人的力量壮大自己的实力啊！这事儿想必大人比属下更清楚，那群乌合之众现在就是风箱里的老鼠——两头受气，两边不得好啊！他们是彻底开罪了朝廷，没有了出路，东躲西藏的，那是人过的日子吗？那是亡命天涯啊！咱沛县才是他们的家，您才是他们的靠山！再说了，他们哪个没有妻儿老小在这里，他们做梦都想着回家啊！大人您宽宏大量地给了他们出路，把他们引领到光明大道上来，他们不都得向您磕头谢恩吗？"

曹参手中的枪擦得溜光，强忍着笑不让自己出声，他一边听一边腹诽萧何："这家伙，葫芦里卖的啥药，县太爷不知，俺曹参可算瞅得清清楚楚了。"

这平时看着迷迷瞪瞪的县太爷此时忽然变得无比清醒，萧何的一番话让他瞬间平添了无穷的力量，但他依然不放心地问道："可是那帮刁民，当初是被俺硬拉上马的，如今世道变了，这帮大胆刁民越发无法无天了，要是他们倒过来踩俺一脚，俺不是白拾着吗？"

"哎呀,我的县令大人啊,您想啊,那帮冥顽不化的刁民里也有明白人。他们如今落魄江湖,想必也能体谅您在江湖的身不由己。您是咱沛县的老大,可您上面也有领导,您也是给上面的领导传话的,也是迫不得已啊!上面的天再大,咱们可都是打断骨头连着筋,一方水土养育起来的亲人啊!如今朝廷不知道乱腾成啥样,这天要大变呀!县令大人,咱们可得给自己寻条明路啊!谁不是上有老下有小,俺们就是整个家的中流砥柱啊!再说了,上个月您家六姨太不是才给您添了个大胖小子吗,您就忍心让他们跟着您担惊受怕,没有活路了吗?"

这萧大秘书不是一般的有才华,嘴皮子要得那叫一个溜。铁齿铜牙两片嘴,他是从国说到家,从大说到小,说得这县太爷是心悦诚服。这话要换别人说,县太爷指定会打个折扣好好想一想,可萧何是他的心腹,跟在他身边这些年,他说话他受用,他办事他放心啊!

"可是如今,官场多坎坷,本来指望着这辈子官道平坦,老了能平安着陆,哪料想如今要变天,行路难,多歧路啊!曹所长,你一直沉默不语,你说咱们临时扯起的这面破帆悬挂到船头,能稳稳当当地济沧海吗?"

曹参脸色严肃地看了萧何一眼,回县太爷道:"大人,属下认为萧秘书说的话在理儿,这算是一条明路,您就别指望着上面的人会帮你,这工夫恐怕他们都自顾不暇,收拾着细软要趁机外逃呢!您在官场混了这些年,您比属下更清楚,机不可失,时不再来啊,错过了这一村咱可就没那店儿了!大人,咱们可是乡里乡亲啊!在选择中游移是会误大事的啊!历史是要不断向前的,当断不断必成后患啊!"

萧何趁热打铁,补充道:"大人,曹参讲的是实话,这年月,除了俺们两个谁还肯跟你说贴心话啊!上面的那些大领导靠不住啊,人家都是飞鸽牌的,大人您是永久牌的,铁打的官场流水的官员啊!人家来咱沛县一时半会儿的,拍拍屁股又飞了。说句掏心窝子的话,这几年咱也没少往上头进贡,可上头比咱还黑啊!混到这把年纪了,做好咱的一县之长,比啥都强!您是沛县土著,祖祖辈辈亲戚朋友都扎根在这里,大难临头,人不为己天诛地灭啊!"

萧何和曹参的煽情表演,配合得恰到好处,有理有据,有感情有滋味,把县令大人顺利拿下。退出县令大人的办公室后,久候的夏侯婴听他们说完,三个人忍不住击掌高呼"耶"!

给领导疯狂灌迷魂汤,是需要智慧的,没有头脑的恭维,不会说动领导的心。萧何的字典里没有失败,只有执着和坚持不懈,任凭你是怎样的冥顽不化,他也得给你说下三层皮。

萧何是一个优秀合格的好属下,在领导眼里,他是奇才,而且从不恃才傲物。

有才的人最忌讳自以为才华了得,就傲慢得把谁都不放眼里。而萧何最大的优点就是重视每一个人,上至领导下至同事,甚至整个县衙大院里的闲杂人员,包括烧锅炉的、打扫卫生的、看大门的,没有他不放到眼里的。

萧何善用计谋,城府深,管它是城池还是堡垒,先攻下它,方为上上策。说到底还是一句话,有知识走遍天下,没文化寸步难行。能长久地稳居沛县一秘的位置,在县太爷这个老油条身边工作,仅有旷世的才华是不够的,关键是你还得会对活心眼儿。如若说萧何没有城府,整个人像张白纸一样,展开透视镜就能把他的弯弯肠子瞧个一清二楚,这样的人能不能走出沛县都是个问题。

第九章

智谋：做第一个吃螃蟹的人

精明强干，和领导秘密接头

下一秒，萧何修书一封，交给夏侯婴。等他收拾妥当后，萧何嘱咐道："早去早回，路上注意安全，我们在家等你的消息！"曹参亲昵地拍拍夏侯婴的肩："要不要我派人送你出城？"

夏侯婴对萧何和曹参抱拳一笑："二位官人，放心吧，去大哥那儿，俺轻车熟路了，俺一准按时返回，等我的好消息吧！"

夏侯婴此去芒砀山，担负着联络起义军的光荣任务。自从刘邦落草后，萧何与刘邦之间的单线联络人一直都是夏侯婴。萧何写给刘邦的信，鼓捣给刘邦一行人在外面的军粮战备物资等，都经过夏侯婴源源不断地运到了芒砀山。夏侯婴是刘邦的好兄弟，是萧何在县衙大院走得最近的人，去和山里那些绿林好汉串联，不是个抵实的人还真扛不起这千钧重担。萧何不能不千挑万选，这人非夏侯婴莫属。这回夏侯婴更是带着萧何的重托，前往芒砀山和刘邦共商起义之大事。夏侯婴调转车头回问萧何，还有没有话带给刘邦？萧何说该说的都写在信上了，刘邦看了自会明白的。

夏侯婴经过一天的颠簸，独自驾马车穿越了风声鹤唳秩序混乱的城区，驶上国道，越过泗水河。第二天傍晚顺利上了芒砀山，按老规矩车子停在山脚下，夏侯婴由刘邦派来的手下带上了山。

到了大本营以后，夏侯婴看到五颜六色的旌旗迎风招展，士兵们穿着干净整洁的战袍持刀守卫,刘邦刘大侠一袭战袍、长剑在手,好不威风!只见他小跑着掠过几个兄弟的簇拥,逐级而下,上前热情地拥抱夏侯婴:"贤弟,可把你给盼来了!"刘邦看到夏侯婴就像看到萧何一样,那份亲近不必言说。

"大……大哥,多……多日不见,你们这是?"夏侯婴有些惊怔,一时间竟结巴了。

刘邦身边的小兄弟迫不及待地对夏侯婴说:"夏侯大哥还不知道吧,俺们芒砀山上的兄弟们已与时俱进,紧跟陈胜、吴广的步伐,反了他娘的大秦了!这不,咱们刘大哥就是芒砀山起义小分队的领袖了。"说着呼啦一下扯过迎风飘扬的大旗,夏侯婴一看,好家伙,彩旗上镶嵌着流畅飞动的小篆,写着"芒砀山起义小分队"。

原来陈胜、吴广起义的消息像春风一样传到芒砀山后,刘邦果断地率手下的兄弟们起义,扛起了反秦的大旗。机遇只偏爱有准备的头脑,只青睐那些为了理想的实现、为了事业的成功而做了充分准备的人。这个理儿刘邦心里门儿清,机会这东西有时玄乎着呢,坐等没有,需要靠自己去创造,只要你开始行动,机会就会随之而来。

刘邦把夏侯婴带到营帐里,夏侯婴这才把贴身携带的萧何的信件交给刘邦。刘邦看到信是感慨万千。信很长,萧何在信中情文并茂地为刘邦分析了当前的局势,劝他在乱世高举反秦的大旗,为他们沛县的百姓做点实事儿。萧何超人的智慧、敏锐的判断力和政治远见果然是无人能比的。在这一点上,他和刘邦身处异地,却不谋而合。

刘邦乃一员武将,他能在逆境中奋起,也算是励志的楷模。他胸有大志,理想坚定,在这一点上也跟萧何殊途同归。不管他身处怎样的环境,始终坚信美好的未来要靠自己去创造。回想当初,自己做无赖那会儿,天地任我闯,不想做的事不做,到时可以回家啃老。现在不行了,无形之中感觉到自己重任在肩了。特别是他幸运地遇到萧何以后,这个比自己年长一岁的男人亦兄亦师,对自己是宠着、罩着、推着、扶着、帮衬着……他想往后退半步都感觉对不起萧何。

时光如箭,岁月如梭,转眼间落草半年多了。落草的日子,流落天涯举步维艰,一切都得靠自己。在艰苦的逆境中,除了每每萧何托夏侯婴带来粮食给养,萧何的那些信更是刘邦最好的精神食粮,信里每一句中肯的话语都激励着他在黑夜中执着地前行。一个大男人,人字大字天地间,要想干成大事儿,就得有经风雨抗打击的能力,在凄风冷雨中忍耐。可喜可贺的是,刘邦在忍耐中学会了思考,在坚持中从没有放弃对理想的追求。

今天的苦难,就是明天的辉煌

刘邦不是游客,闲来上山逛逛山中美景,享受下休闲的乐趣。秦时的芒砀山一带密林丛生,满是泥泞的沼泽。刘邦这一行人正亡命天涯,要躲避大秦官兵的追捕,窝在条件恶劣的山上,日子会过得怎么样可想而知。在忍耐中等待,在绝境中求生存,更需要过人的胆量和气魄,正所谓置之死地而后生。正是这种宠辱不惊的精神动力,让刘邦在以后的日子里,不管遭遇怎样的困境,都能把一切艰难困苦踩在脚下。

在芒砀山恶劣的环境中,能否忍受肉体和精神上的双重折磨,可以检验出一个人的心灵格局有多大,胸襟有多宽。人生的际遇说到底其实不外乎顺境和逆境,顺境中,要不断进取;逆境中,则需要忍耐。刘邦凭着过人的胆识,抱着从容乐观的态度知难而进,从而把自己推向一个更高的起点。

此时读完萧何的信,起义初期的艰苦,抛妻舍家的郁闷和孤独,都被萧何信中情深意切的宽慰的话语所抚平,刘邦心里越发亮堂起来。他知道在这个物欲横流的世界上,萧何是真心实意地对他好,无条件不求回报地对他好,甚至超过了爹娘以及结发妻子吕雉。因为执着所以卓越,不仅是一句广告词。刘邦绝对是一个有魄力、有锐气,又温厚坚毅的男人,他有自己的理想、有自己的主张,如果他真的是一个扶不起的刘阿斗,萧何也不会看中他。

人生在世,要想成大事不容易。有句话说得好,今天的苦难可能就是明天的辉煌,只要你肯努力,只要你能坚持,总会有所成就。人生多机遇,但都是靠自己的艰苦奋斗争取来的,这绝不是虚话。

梁启超有句名言:患难困苦,是磨炼人格之最高学校。诚哉斯言!从这点上看,刘邦的确是块做领导的好材料,所谓能睡地板,能做领导,凡事都能积极面对,天底下还有啥大事不可为?不畏艰难不舍成功,吃别人不能吃的苦,方能成别人不能成的事。吃得下菜根,百事可做,这才是大男人做派,亦是一个领导必备的品质。

不得不说,磨难是一种财富,天无绝人之路,绝境中往往会暗藏着机遇。刘邦从一个待业青年、社会小混混变身为朝廷干部,官儿没做几天就被迫押送劳工服徭役,尔后摔碎"金饭碗",光荣下岗,落草山中历经磨难。刘邦抱着积极乐观向上的心态,把不幸当作一种机遇,他这种精神值得我们膜拜学习。不得不说,刘邦还真是一个开拓机遇、捕捉机遇的能手。因为只有抓住机遇,才会看到新的生机和希望。这不,家有领导初长成,萧何的苦心总算没有白费。

萧何送来福音,刘邦怎能不激动万分,黑暗中他仿佛看到黎明前的晨曦正在向自己招手。消息半浮沉,今夜相思几许。刘邦,也是至情至性的男人。后世都说他翻脸比翻书都快,六亲不认,那是做帝王的男人的无奈和悲凉。人在高位,涉及权力和政治,有太多的无可奈何和迫不得已啊!

秦关汉月总依旧,大江东去浪不休。有一种激情和希冀在刘邦的心底汹涌澎湃着,那一夜的他彻夜无眠,天不亮就命令手下起来收拾行装,备好粮草,他自己披挂整齐,东方的天空才露出一丝鱼肚白时,他就率领大部队开到了沛县城外,安营扎寨,夏侯婴进城通报。

空想不如不想,行动胜于一切

才签完到,萧何抱着一堆文件刚进办公室,就听身后门扇咣当一响,夏侯婴闪进门来,他满脸的兴奋,冲萧何打了一个立正:"报告萧大秘书,芒砀山起义小分队秘密交通员夏侯婴前来报到!"

"嘘……"萧何警惕地望了望门外,把门掩上,一把把夏侯婴摁在椅子上,一迭声地发问:"怎么样?一切都顺利吗?他还好吗?他们都来了吗?"

"他……他是谁?"夏侯婴还是第一次见萧何这样沉不住气的模样,端起水咕咚了几口,结巴着开始装疯卖傻。

"哈哈,夏侯婴,哥一看你这一脸的喜气就知道你这一趟一定顺风顺水,快别卖关子了,他们在哪儿,都到了吗?"

"报告萧秘书,芒砀山起义小分队樊哙奉刘邦队长之命,前来与萧秘书会合!"仿佛变戏法一般,樊哙突然神气活现地出现在萧何面前,自沛县十里长亭一别已半年之久。樊哙一直跟随刘邦落草隐于芒砀山,看来这山里的水土还挺养人,这还是昔日沛县街上杀狗卖狗肉为生的樊哙吗?好家伙,真是此一时彼一时也。如今他一袭战袍飒爽英姿,被山里的风雨沐浴着,他已成长为一个真正的战士。

这位未来大汉的开国元勋,著名的左丞相,战功卓越的军事大统帅,刘邦的连襟,心腹爱将樊哙,骤然间已经活生生地站在自己面前,萧何就像看到了刘邦一样,他先是惊怔了片刻,紧接着上前热烈地拥抱樊哙,如同刘邦在山上见到前来接头的夏侯婴一样,兴奋之情溢于言表。

萧何平素极少喜形于色,可是今天他实在太高兴了,难以抑制的兴奋之情让萧何和曹参围着樊哙、夏侯婴问个不停。樊哙只顾喝水,还是夏侯婴把上山和刘邦接头的情况,用他那张不太伶俐的嘴,绘声绘色地讲给萧何听,并告诉他,刘邦早已紧跟陈胜、吴广起义的步伐,率先在芒砀山揭起反秦的大旗,如今义军已到城门外,只等萧何的命令,准备挺进沛县县城。

县太爷迈着方步,晃悠着经过秘书办公室,大老远就听到屋子里一片喧闹声。他推了推虚掩着的门,夏侯婴和樊哙正在边吃边喝,萧何和曹参忙着给他们斟酒倒茶。县太爷打眼一瞧,夏侯婴这小兔崽子不是进山了吗,这么快就回来了?椅子上坐着的那个不是在沛县小吃街上杀狗的樊哙吗,那家伙从芒砀山而来?

县太爷悄无声息地带上门,回到自己的办公室,纠结得很,刚才萧何汇报说芒砀山的起义军已开拨,兵临沛县城下,请县太爷斟酌并做出抉择。

看萧何、曹参和夏侯婴三人对樊哙那股殷勤热情的劲头,他们绝不可能是初识。夏侯婴是头四天才走的,今儿一大早就回来了,这是不是也忒快了些?难道萧何他们和这伙山贼早就有一腿?

第十章

果敢:配合领导成大事

糊涂县令不糊涂,断臂求平安

县太爷越想越不对劲儿,就私下派自己的亲信出城去侦察一下,结果让他大惊失色。原来芒砀山这帮匪徒的头儿竟然是刘邦,萧何的死党,自己的情敌啊!县太爷感觉头皮涔涔地直冒冷汗,大脑快速地梳理着最近发生的事儿。怪不得那天萧何和曹参这两个狗崽子一唱一和地给自己灌迷魂汤,原来他们早就生了外心,胳膊肘子往外拐了,自己这一辈子混迹江湖,这老了倒让这身边的人给算计了。

知人知面不知心啊,萧何为人谦恭做事沉稳,官场上的历练给他带来的政治智慧让他的城府更深了。可他跟随自己这么多年,一直忠心耿耿的,啥时候就让这浑蛋刘邦给洗脑生了反骨?敢情这萧何给刘邦找工作,娶媳妇,送他去押送劳工,上芒砀山造反,这一切都是事先计划安排好的?怪不得这两个比猴子还精的家伙,屁颠屁颠地上赶着要去山里联系那帮匪徒。

最让县太爷生气的是,这伙芒砀山匪徒的老大居然是刘邦,当年好好的桃花情事让这个浑蛋给搅黄了,还抱得美人归,哼,幸亏本县没有轻饶了他,刘邦不是逃了吗?有本事在山里当一辈子山寨王啊!幸好本县知道凡事留一手,没全听萧何这个吃里爬外的家伙的。

对了,曹参也不是什么好鸟,要不是本县令提拔他,他还不是在那偏远的小城看守所做一辈子狱卒,天天和罪犯打交道,是本县令赐给了他无尽的恩惠,给了他捕头的官职,没想到这小子早就和萧何穿一条裤子了。还有夏侯婴这个不要脸的,要不是本县念他鞍前马后服侍了多年,赏他个小官当当,这辈子他能挤进官差的行列吗?

拍拍脑袋做决策,当断不断,必成后患,先下手为强,后下手遭殃!县太爷愤愤地想,什么左膀右臂,没有断肢的痛,难求平安的福。他可让萧何和曹参这两个王八羔子给气炸肺了。以前自己是多么器重萧何,县里的政务里里外外、大事小事都交派他处理,最相信的人却最靠不住啊!

也罢,刘邦啊刘邦,好事都让你给占尽了,本县还没找你算账呢,你自己倒送上门来了。本县为大秦鞍前马后效劳到现在,没有功劳也有苦劳,奈何大秦气数已尽,本想着和陈胜、吴广套套近乎,给自己留条后路,没想到让萧何他们给涮了,让他来做刘邦的手下,这不明摆着寒碜人吗?

县太爷这辈子从来都没有像现在这样风驰电掣地办过事,他召集手下的心腹和亲信,关闭了城门,并下令全城戒严,封锁所有的街道、店铺和作坊,晚上六点以后不能出门,否则抓进牢房没商量。他就是要犯小人,他就是要布下天罗地网,先网住萧何和曹参这几个吃里爬外的混账东西,抄了刘邦的后路。他就是要他们身陷囹圄,然后趁热打铁,再去城外削了刘邦那帮亡命之徒,那帮聚众叛逃犯上作乱的贼子。

县太爷迅速密令他的得力干将们召开临时会议,密谋策划捕杀萧何、曹参和夏侯婴三人。

紧要关头用人缘

萧何、曹参、夏侯婴和樊哙准备出门时,发现办公室的门被锁上了,门外站了四个铁塔般的黑脸侍卫。萧何瞬间就明白了,事情有变,他们被软禁了。樊哙一下急眼了,一边把门哐当哐当地拍得山响,一边问萧何:"怎么办,大哥他们还在城外等我们的消息呢!"曹参果断地拔剑,对夏侯婴和樊哙说:"兄弟们,一会儿我断后,你们掩护萧何冲出去!"

遇事先乱阵脚,可不是萧何的做派,他镇静地把曹参的剑按回剑鞘,胸有成竹地说:"别舞刀弄剑的,都是自己兄弟,让我来想办法。软禁了我们,说明县太爷已经察觉了,动刀动枪无异于此地无银三百两,承认自己就是贼,而从樊哙进门到现在不到半天的工夫,想必县太爷还没有完全搞清楚,贸然采取过激措施反而会适得其反坏了大事,咱们还有机会。"

夏侯婴鬼精鬼精的,他听萧何这么说,从门缝里冲门外那几个站岗的家伙挥了挥手。门外那些人,说是县太爷的人不假,但也都是一个单位的哥儿们兄弟,他们和萧何、曹参和夏侯婴再熟悉不过了,他们也清楚这屋里锁的人可不是一般的人,开罪了哪个都是没有好果子吃的。

萧何对门外的那帮兄弟们说:"兄弟们拖家带口的,出来混口饭吃都不容易,乡里乡亲的低头不见抬头见,别伤了和气!现在外面谣传起义军都兵临城下了,这沛县县城恐怕是守不了多久了!这段时间外面的新闻想必大家已经听得够多了,人在江湖漂,指不定哪天就挨刀,都有老有小的,得为自己早做打算啊!"

这帮人虽说是县太爷的亲信,但平时也没少拿萧何的好处。道理他们都明白,但端人家的碗,得听人家的管,这事是县太爷亲口交代的,他们不能拿自己的脑袋开玩笑啊,乱世之秋,唯有生命最重要。

樊哙急得直跺脚,直骂这帮碍事的家伙全是他娘的势利眼。不看看大爷是谁,爷是专门杀狗的。他对萧何说:"大哥,别跟他们废话了,一帮吃硬不吃软的东西,你倒是拿他们当人看了,他们硬不往人道上走。"说着手提着大刀,叫嚣着要出去宰了他们,萧何再一次摁住了急脾气的樊哙。

萧何果真没再和他们废话,而是转身取出些银钱让夏侯婴塞给门外的人。萧何一脸笑容地对他们说:"兄弟们当差很辛苦,拿这些银钱去买点儿酒喝吧!做事要认真,不可太较真!如今大秦的天空可是说风就是雨的,到时候淋湿哪家的主儿还说不准。凡事不可做绝,做人要给自己留退路。与人方便,自己方便啊!"

拿人钱财,与人消灾。这帮看门的手下何乐而不为,他们才没有存心为难萧何的意思。萧何平素待他们也不薄,他们就是想要点儿钱,带着老婆孩子找个僻静的地界儿,过安生日子去。这兵荒马乱的,他们才不屑在这里当炮灰呢!

萧何他们,就这样顺利地逃出办公室,无奈何县衙前门后门全是哨兵把守,比平时又加岗了,他们只好翻墙逃走,又躲过了路上各个哨卡的盘查。这县太爷布下的天罗地网咋就网不住萧何他们呢?因为那些站岗放哨的小兵子们不是萧何的同事,就是曹参的手下,他们统统感念萧何他们的好,干脆睁一只眼闭一只眼,放萧何他们一条生路。

月黑风高,夜色笼罩下的沛县城外,北风萧瑟,寒气逼人,萧何他们四人跌跌撞撞地奔跑在夜色中。

当机立断,给领导出谋划策

萧何一行人远远地就看见了刘邦的临时营地。

刘邦在帐篷里心急火燎地来回走了一个晚上,樊哙没有按规定的时间回来,刘邦就料到大事不好,城里十有八九变生不测。他几度等得心焦,持剑上马要冲进城里救出萧何。刘邦心中暗忖,萧何不仅对我有知遇之恩,他已为我付出那么多,我不能不管他,倘若萧何有什么三长两短,我一辈子都不会原谅自己。倘若此事真的黄了,我要带萧何走,不能让萧何为了我砸了一辈子的"金饭碗",再流落江湖,无着无落。

刘邦几次三番地被一群兄弟们拽下马,他们苦苦相劝刘邦再耐心等一会儿,并安慰他,樊哙他们这工夫指不定正在过来的路上,要是走岔路了,岂不是误了大事。刘邦不肯待在帐篷里,他着铠甲握长剑,在风中不停地来回走着,脚步有些零乱,他的心都提到嗓子眼儿了。负责警戒的兄弟们劝他回营帐休息,城里要有消息了派去接应的人会第一时间回禀的,可是刘邦依然固执地守在那儿。

"报告队长,我们回来了!"樊哙身手敏捷地跑步到刘邦跟前。顺着樊哙的方向望过去,影影绰绰可见三个奔跑的身影到了近前。曹参、夏侯婴后脚赶到先后向刘邦致礼问好。

深夜无垠的旷野里,或许是由于疲惫的缘故,萧何的步伐显得有些踉跄。刘邦大步跑过去,萧何跌跌撞撞地跑过来,相距不到一米了,两个人几乎同时刹住了脚步。

萧何气喘吁吁地望着刘邦,明月清辉映照着他那熟悉又棱角分明的脸。曾经多少个漫漫长夜,自己难以入眠,只为牵念落草的他。而今他就活生生地站在自己面前,山里的风吹得他更黑了,却越发显得他器宇轩昂。

刹那间萧何百感交集,禁不住热泪盈眶,他深情地低唤:"贤弟!""大哥……你们终于来了!"倒是刘邦按捺不住自己激动若狂的情绪,趋步向前,搂住萧何的双肩,上上下下打量着他,可怜的萧何翻墙时扯破了衣衫,跟在一帮武将后面跑得头发也乱了,衣服鞋子上全是泥巴,光洁的额头上还渗着汗珠儿,但是仔细看还是那张波澜不惊的脸。刘邦再度深情地说:"大哥辛苦了!"

野外的临时帐篷里,成了刘邦起义军,芒砀山起义小分队的临时战地指挥所。大家围绕着刘邦团团坐,你一言我一语地集思广益,商量着下一步的对策。萧何坐在离刘邦不远的地方,只顾把玩着手中的杯子,时不时啜着杯中的水。

樊哙第一个发言了,他说:"大哥,县城咱们怕是进不去了,这县太爷他妈的犯小人。这段时间兄弟们在山里憋得手都痒痒了,干脆,咱们一不做,二不休,打场翻身的硬仗,我建议咱们集中优势兵力攻城!"

曹参是个响当当的捕头,他习惯性地摆弄着手中的长剑,扫了萧何一眼道:"攻就攻吧,反正萧何这秘书是当不成了。他现在要敢回去,县太爷第一个就活剥了他。"

"活剥了他,还能饶了你不成?"夏侯婴慢条斯理地开了腔:"我说各位亲爱的大哥兄弟们哪,杀狗的主意咱不能听,咱们可是都还有老人妻小困在城里呢!"听到本来口齿不太伶俐的夏侯婴一气呵成地说了这么多,大家哄堂大笑。樊哙第一个跳过来掐住夏侯婴的脖子,他被掐得直喊救命。

周勃放下手里的弓箭拉开樊哙:"好了好了,就你这狗脑子也出不了啥好主意。萧秘书,你的高见呢?不妨说来让大家伙听听!"周勃这家伙也很聪明,很自然地把话题转移到了萧何身上。

萧何放下手中的杯子,看了刘邦一眼道:"我只是个文人,哪里懂得这行军打仗攻城的事儿。萧何何德何能,敢在这里班门弄斧,还是让刘邦队长讲讲怎样对敌吧!"

好属下有胆识,敢为人先

萧何不是绣花枕头,肚子里真有货的人才真谦虚。他也绝不是端着,因为在他的心里,刘邦不仅是他的知音贤弟,还是他的领导,领导都没有发表看法,做属下的装什么二百五。

眼下这支小分队的成员,萧何一目了然,心中大体有数了。除了刘邦做亭长时上街抓捕劫匪有过斗敌的经验,别的兄弟都是一瓶子不满半瓶子晃荡的主儿。这些跟随着刘邦一起逃难的父老乡亲,年龄不一,有老有小。在芒砀山的日子,他们倒是学了点儿小本事,但就这样的战斗力,盲目地去参加正规的战斗,恐怕实战经验少,伤亡会很惨重。

县衙大秘萧何伙同捕头曹参逃跑,更可气的是逃到刘邦领导的这帮匪徒队伍里,让本还蒙在鼓里的县太爷恼羞成怒,目前事态逐渐明朗化。萧何知道,县太爷早已调集手下,把小小的县城围了个水泄不通,恐怕现在就站在高高的城楼上,喝着闲茶坐等他们这伙人前去送死。就这百十号人,武器装备落后,战斗力薄弱,去和城里的正规军硬碰硬,是吃饱了撑的没事纯找死。

刘邦挥手示意请大家安静一下,领导要训话了。在大家心中,自从落草亡命天涯开始,刘邦就成了他们心中的老大,是他们的主心骨。但凡什么事儿,大家叽歪够了,拿主意的还是他们的当家人刘邦啊!

刘邦坏笑着说:"我就知道你们这伙人出不了啥高招,就知道叽叽喳喳,这下看出差距来了吧?一说开战,你们就先想到自己的父母亲人。"刘邦是个天生的军事指挥家,这支由劳工组成的部队的战斗力如何,他心里也一清二楚。所以刚才大家你一言我一语推出的对敌花招,他都在心里给否了。刘邦把目光聚焦在萧何身上:"大哥,你就是太谦虚,别只顾喝水了,给大家讲讲你的意见吧!"

这算是召开临时作战会议吧?大家完全可以大胆地讲,放开了讲,有本事你就使出来,有劲儿你就吼出来。而最后的会议总结,往往会引起好戏连台。

萧何浅笑着望着大家:"依我说,这事儿很简单,稳准狠,一招就结果了他!"

刘邦饶有兴致地问:"结果了谁?"

"还能有谁,县太爷啊!"萧何一脸轻描淡写的表情。

曹参和夏侯婴面面相觑,又回头瞅着刘邦。刘邦并未多言,急请萧何继续讲讲理由。

萧何说:"自从在沛县一别,贤弟一直猫在深山里。想必你还不知道你在咱们沛县可是名声在外,红得发紫,沛县的老少爷儿们可都把你当神仙一样捧着供着呢!你在芒砀山斩蛇的故事家喻户晓,老少皆知。你押送劳工服役的路上,一片仁心放走了自己的父老乡亲,成全他们回家和家人团聚,自己却有家不能回,这大恩大德,老百姓不糊涂,他们心里都记着呢!咱们的乡里乡亲都知道你在芒砀山上干的是大事,你的家人老百姓都帮忙照顾着。当官的眼睛可以被贪欲蒙上,可群众的眼睛是雪亮的啊!的确,你的官儿不大,可你敢为天下先,敢为百姓先,敢为这一方土地上的百姓断送了自己的前程。你矜持不苟,舍己为公,在老百姓的心里你就是他们的天,你就是他们的救世主!如今,外面大乱,各地响应起义大军的队伍如雨后春笋般涌现。兵荒马乱的年月,光脚的不怕穿鞋的,撑死胆大的,饿死胆小的。就算贤弟你领着一帮兄弟安安分分地守在深山里不去找大秦过招,不见得人家就不找咱们来算账。自古干大事的人,都长着熊心豹子胆。人生存在的价值是什么?拿什么来证明这个世界你曾来过?那你就得亮出点儿真本事给大家看看,把事业搞得蒸蒸日上,一片红火!"

如果一个人连攻心术都学不扎实,怎敢去蹚这乱世的浑水?把头扎脸盆里,愣充小海军,这不是萧何的秉性。萧何的攻心术学得了得,这样的人放哪里都会发出熠熠的光彩。在临时组建的游击队里,刘邦是队长,萧何是指导员,这两个最佳布衣拍档,在这场大战之前,就已自觉地按角色走马上任。

萧何这场战前动员,意思很直接明了,他就是要让刘邦明白,他已是沛县老百姓心中的神,老百姓是咱们这支游击队的坚强后盾。现在只要刘邦一句话,杀猪焉用宰牛刀?根本不用他进城,沛县城里的有志之士,一定不会让他们失望,在他们进城之前,就会率先拿下县太爷的首级。百年一梦多慷慨,九州方圆在民心啊!做大事是得有群众基础的,只要你心存百姓,敢为百姓干实事儿,就算让他们上刀山下火海,他们都没有半句怨言。

萧何的思想境界可以和刘邦相媲美。刘邦能舍小家顾大家,铤而走险上了芒砀山,萧何就能全方位出击,团结一切可以团结的力量,倾其所有紧紧追随。刘邦若是大树,他便是青藤;刘邦若是太阳,他就是月亮。刘邦的思想时尚,萧何的思想也不落伍,绝对的与时俱进。

听完萧何这一席话,刘邦拍手赞道:"牛!俺见过狠的,没见过你这么狠的!看不出来啊,真是默默无语才会念真经啊!"萧何原本是亦文亦武玩转官场的多面手,刘邦这辈子遇上他可赚大发了。刘邦看大家都默不作声,这位决策者咳嗽两声后拍板了:"好吧,既然大家没有更好的办法,那咱们就听俺大哥萧何的!县城的水深不深,不试怎知道?"

萧何做秘书多年啊,其实是身兼数职,沛县的宣传、统战、征兵工作,也都是他顺手捎带着做的。此时,他们在城外老百姓在城内,战争形势紧迫通信又跟不上,怎么办?总得有人给城里的老百姓、进步分子和开明的乡绅点把火,只要此时火种一洒,那就有火烧连营的威力。

自古男人做大事,九分苦一分甜,狼行成双,一个好汉三个帮。刘邦加上萧何、曹参、夏侯婴、樊哙、周勃、卢绾,大汉最初的内阁初具雏形。团队合作,是现代人也是古代人的生存方式。现在这个团队有清晰的目标和使命,在这次攻打沛县之前的战前总动员大会上逐渐明朗起来。

这群布衣组合,工作还是高绩效的,沟通是开放坦诚的,气氛是良好的。芒砀山起义小分队的全体成员民主参与发表意见,集中处理分歧,最后由领导班子拍板执行决策。

刘备再牛,一个人打不下蜀国的江山。唐僧再执着,没有孙悟空等三徒弟也取不来真经。没有最完美的个人,只有最完美的团队,独行侠单枪匹马打不了天下。最完美的个人只有在最完美团队的支持下,在大家共同创建的舞台上,方能秀出自己的多彩人生。

第十一章

小试牛刀:布衣将相挺进沛县

借他人力量,助领导一臂之力

事不宜迟,那晚,大汉的初期领导班子,最优秀的布衣团队,在萧何的带领和指导下,以刘邦的名义拟了一封《告沛县全县弟子书》,这是未来大汉的政治领导集团所做的第一项工作。

此书被整齐地誊写在绢帛上,由刘邦亲笔签名后,将其裹在箭杆上。大家来到城墙边,只见刘邦摆好架势,弯弓搭箭。自古开弓没有回头箭,可此时刘邦那射出的箭撞到城墙上的旗杆后又被弹了回来。一群人面面相觑,没人敢笑出声。

萧何微笑着很适时地给刘邦铺了个台阶:"晚上风大,贤弟又忙碌了一天了,这事我看让樊哙和夏侯婴干吧?"

萧何很聪明,又惯会用人,杀狗的和开车的臂力都大,充分发挥个人的强项。这不,樊哙和夏侯婴果真像喝杯闲茶一样,就把那封传单《告沛县全县弟子书》射进了城。

你方唱罢我登场,沛县县城里,到处可见官家的捕快,手持长剑短棍在街上巡逻,城门处的戒备更加森严,站岗的哨兵正在仔细地盘问进进出出的行人。

萧何和曹参可是这小县城里的大人物,出了这么大的事,县衙里直接翻了天。早上晨会,县太爷气得直翻白眼儿,拍着桌了气急败坏地狂吼着:"给我抓!抓回来!抓回来五马分尸!"这人心不狠不行啊,自己最信任的左膀右臂逃跑了,他这半辈子算是白忙活了。原本想反秦,想做个好人,给自己的后半生积点儿阴德,保住自己头顶的乌纱帽,没想到这正事没办了,又节外生枝啊!乱世啊乱世,都是那个浑蛋刘邦给闹的,这两个得力的心腹干将都被活活地拉下水了。

"最新爆料,县衙里的红得发紫的秘书萧何伙同捕头曹参,昨晚上逃跑了!"

"当真?这话可不能乱说。"

"骗你是猪,俺叔伯哥哥不是在城门处值班吗?亲眼看见萧秘书和曹局长,还有另外两个人一起逃出城去的。"

"嘘,小点儿声,让捕快听到了逮你通匪没商量啊。我说今天县里怎么宣布戒严,捕快满街窜,原来是出大事了。"

"可不是,这萧秘书是俺五服内的本家呢,他人可好了。曹局长也到俺家喝过几回酒,对咱老百姓那个亲啊,听说他们是投城外的起义军去了。"一个萧姓的男子道,"知道不,那起义军领头的可是刘家的三儿,俺还听说他这回走上正道了,在山上成立了个什么芒砀山起义小分队……"

这时候,街上摆摊的百姓没有生意可做,正在八卦县里的大新闻呢。忽然看到天上一封书信从天而降,大家一窝蜂似的围了上来,连街上的那些捕快都不例外。好不容易在胡同里找了个算命的先生,让他给大家念念这天外飞书上写的啥,和咱老百姓有关系不。

算命先生一字一句铿锵地念道:

> 亲爱的父老乡亲们,我是刘家的小三子刘邦啊,先给众父老乡亲问个好,谢过大家伙照顾俺的爹娘和老婆孩子!再给大家透个信儿,想必大家也都听说了,俺是在带领咱沛县的爷儿们去咸阳服役的路上造反的,带着你们的男人们上了芒砀山。谁没有爹谁没有娘,谁和亲人不牵肠?谁不想平平安安过本分日子?可是大秦朝廷暴虐,不让咱们老百姓活,逼得咱们抛家舍业。外面的新闻想必大家都听说了吧?前不久陈胜和吴广已经反了大秦,如今各地风起云涌,农民起义的春风绿了江南岸啊!那是咱们老百

姓的队伍,跟着他们干,咱们就有饭吃,有衣穿,有田种。外面的世界好精彩,你们想过没有?你耕田来我织布才是幸福的人生。很多地方的老百姓都反秦了,前赴后继地支持起义军,咱们沛县的百姓觉悟怎会比他们低?亲爱的同胞们、父老乡亲们,不要再给大秦朝廷卖命了,纵使沛县的城门是铁打的,迟早也会被反秦的刀剑给削成铁屑。到那时,两军对垒,咱们手无寸铁的老百姓们可伤不起啊!亲爱的乡亲们,行动起来,宰了那个县太爷,另选一个干实事儿的人做咱沛县的老大。大秦的暴虐,天地不容,且看今日,竟是谁家天下?

这封情文并茂的反秦檄文,右下角端端正正书写着刘邦的亲笔签名。

沛县是远离皇都的山水小城,本来离战火很远。可是,战火纷飞、世事动荡的年代,还会有一方净土让百姓得以安身吗?

萧何能在县太爷的手下一干二十年,把为人处世的本事练得炉火纯青。在污浊的环境里还能做到自清,这恰好说明了萧何有着坚定的防腐蚀能力,是个值得老百姓信赖的好官儿,有着人生大格局的人怎能与屋檐下的燕雀相提并论。

话说在起义浪潮的推动下,像萧何这样的进步官员,走在时代的前沿,利用工作之余,把群众工作做得有板有眼。这阵子偷偷派人进城四处贴传单,宣传刘邦是真命天子,舆论的威力果然不可估量。

刘邦不在家的日子,吕雉这个未来临朝称制的女子,在民间时就充分展现了她的政治头脑。男人做了起义领袖,老婆也不能拖后腿,作为留守夫人,男人为了百姓远走他乡做大事去了,她除了勤俭持家外也没闲着,把刘邦给宣扬得跟个神龙见首不见尾的神仙一样。炒作刘邦的这项工作,吕雉和萧何一样功不可没,都是为了大汉做出过杰出贡献的人。

这沛县的县太爷,也没几个真正得力的人。在他的任下,不懂得卑躬屈膝地讨好他,你就是干出花来也没人瞧见。这县太爷,虽不是坏得透顶,但他为官一任,不懂得造福一方,平时太张扬,贪酒好色搞女人。

食君之禄,中饱私囊。这样的奇葩官员,老百姓能不怨声载道吗?

一切如萧何所料,沛县的有志之士和进步的老百姓,受了刘邦这封檄文的影响,真的就快刀斩乱麻,连夜攻打沛县县衙,把县太爷神不知鬼不觉地给咔嚓了。估摸着县太爷在去天堂的路上,都还在咒骂萧何和刘邦吧?

慧眼投资,甘做领导人梯

彼时刘邦率领的起义军浩浩荡荡地进城来了。

刘邦骑着高头大马,左边是萧何,右边是曹参,身后是夏侯婴、周勃、卢绾等兄弟们,场面极其热烈。刘邦一行人全都跳下马来,和父老乡亲们握手拥抱。这支队伍又都不是外人,乡亲们都在议论:"这不是刘家的三娃子吗?出息了啊!"

"这不是县里的一支笔萧秘书吗?原来人家早就是队伍上的人啊,一直潜伏在县衙里做卧底啊!瞧,那不是曹参吗?还有村头巷子里那个杀狗的叫樊啥?哎,快看,那边上那位不是吹鼓手周勃吗?"

这反秦的芒砀山起义小分队开进县城,红透了半边天。一行人成了凯旋的将士,成了家喻户晓的明星。自从被抓去修阿房宫逃跑后,就没有音讯的亲人们全都回来了。老人、妇女、儿童和队伍上的士兵们抱头痛哭,久别的亲人们纷纷要求他们回家住,可部队有纪律,哪能说回家就回家。

萧何和曹参都是小县城里的大干部,像他们这样的人都舍了公家饭去投奔刘邦,参加起义军了,说明这个部队是正义之师!跟萧何走,一准儿没错,错了俺也愿意!

百姓们又争先恐后地要求把自己家的娃子送去当兵,非要跟着刘邦和萧何干。自发自主的欢迎仪式接近尾声时,刘邦那百几十号的队伍,渐渐变成了几百号人。

刘邦警惕地环视着熙熙攘攘的人群,县太爷刚刚被取了首级,保不住他的手下们就隐藏在这狂欢的人群里。新入伍的兄弟们,连武器装备都没有,一旦有破坏分子袭击就会措手不及。刘邦对萧何言道:"大哥,依我看形势依然紧迫,不容乐观。咱们不能回家,应该全部驻进县衙大院,你看怎样?"

"嗯,听贤弟的。我也担心这欢迎的群众里会溜进破坏分子,一旦他们跳出来作乱,会伤及咱们的兄弟和无辜的百姓。"

刘邦大事不糊涂,关键时刻他没有被暂时的胜利冲昏了头脑。在拥挤的人群里,他一直剑不离身,并谦逊地和萧何商量:"大哥,眼下咱们得先接管县衙,这事儿还是交派曹参去做吧,那些人大都是他的老部下,他去好使。等他交接完毕,咱们得抓紧时间开次会,商量下一步的计划,大哥看如何?"

此次反秦,让刘邦这个农民起义的领袖,得到一次升华。在这热火朝天的氛围里,他依然保持着一个优秀的军事指挥者最清醒的头脑。萧何自然没二话,很默契地服从命令听指挥。

这支起义小分队率先进城,接管了沛县县衙。县里现在可不太平,昨晚县太爷的人头被人摘下来挂到了城门上示众。县衙里人心惶惶群龙无首,看到萧何,曾经的同事都像见到了亲人一般。大多数的同事都开始自觉地配合工作,只有少数人还在观望。

萧何细心地注意到县衙的大门口和大厅的岗哨全换成了曹参的部下,站岗的士兵军容整齐,冲进门的萧何和曹参敬礼,二人相视默契一笑。

现在火烧眉毛的事儿,是马上安排召开会议。萧何抱着几份紧急起草的文件走进会议室,走廊另一头夏侯婴、樊哙他们也小跑着进来。会议由萧何负责主持,彼时他是大秦县衙的第一秘书,此时他是刘邦起义小分队的文书干部,履行的职责和往日有所不同。

第一次工作会议在沛县县衙大会议室里召开,初具雏形的大汉领导班子全体成员列席了本次会议。刘邦坐在最上首,萧何和曹参分坐左右两侧,知名乡绅在次座上,其他的人分坐两边。现在队伍里融入了新的血液,需要统一思想,确定下一步目标,并推荐选举出新一任领导班子。

会议室里一片喧嚣,萧何他们还没有开口,那些德高望重的知名乡绅先按捺不住了,你一言我一语地嚷嚷着,让刘邦做县令!面对众望所归,刘邦站起来给大家深施一礼,谦逊地说道:"我刘邦在此先谢过各位父老乡亲的抬爱,不用我说想必大家也都知道,现在各地农民起义频发,大秦当局疯狂镇压,形势并不乐观。咱们提着脑袋反秦是为了什么?还不是为了让百姓们过上更平安富裕的生活吗?如果大家选人不当,我们这支队伍就会惨遭灭顶之灾,一败涂地。到时我被摘了脑袋事小,让兄弟们白白地送了性命,辜负了咱们沛县的老百姓,俺刘邦就再也无颜面对沛县父老啊!刘邦不才,请诸位还是推选出一个更有才更合适的人来担任吧!"

好一个刘邦,没想到他玩儿起谦虚来还真像那么一回事儿,陈述的理由说得发自肺腑,谦逊又中肯。

刘邦这么一谦虚,可把萧何给急坏了,曹参也急得在桌下用剑柄直捅萧何。萧何从给刘邦找工作开始,忙活儿到现在,为的不就是想把刘邦挺上大筵席吗?这干部当了,兵也当了,山寨王也当了,起义军小分队领袖也干了,各种各样的工种都换得差不多了。一个领导所必备的素质,所需要的血与火的历练,刘邦也都经历过了。这该做的功课都做了,该烧的香都烧了,该磕的头也都磕了。萧何费了这么大周折,好不容易盼来了这样绝好的机会,人家倒好,死拽着往后撤,说什么选个比他更有才的人。要真有这样的人,俺会好好地赔上银子、赔上工夫、赔上大好的青春,一厢情愿地倒贴给你吗?

萧何还没来得及站起来插上话,下面就有人情绪高涨地发言了:"俗语说,国不可一日无君,家不可一日无主。县里群龙无首,工作都给耽误了,既然刘大哥有难处,咱们就不勉为其难了,我推荐萧何做咱们的县令。"

这位刚说完,又有人跟着站起来举手力挺:"对,萧秘书虽然是文职干部,论资历论政绩,在咱们县里也是数得着的元老了,他绝对有能力做咱们的老大。"

会议室里气氛高涨,萧何是心急火燎,他腾地一下从椅子上站起来:"好了,众位兄弟父老乡亲们,请安静一下容我讲几句。刚才大家争论得很激烈,有句话大家说得很在理儿,咱们沛县不能一日无主,在这里我先谢谢大家对萧何的抬爱了。"

萧何的话还没讲完,底下又是一阵起哄声、掌声,刚才那几位老家伙激动地站起来说:"萧秘书不必自谦,为了咱们沛县的老百姓,你就从了吧!"

巧抓机遇,把领导挺上位

曹参和夏侯婴在旁边偷笑。萧何再一次打断了大家,他对大伙说:"不是我萧何不愿意领命,是萧何真的不才。我只是一个读书人,怎担得起这一方重任。依我看,还是刘邦德才兼备,你们看啊,他有义气、有豪气、有正气、有责任感,心胸开阔、是非分明,他做事踏踏实实,有坚定的信念、执着的追求……他去服劳役,却不顾个人的生死安危,冒着被杀头的危险反了大秦。在芒砀山物资匮乏,生活条件艰苦,他身先士卒以身作则,跟大家一起度过了最艰苦的日子。陈胜、吴广起义后,又是他率先带领大家起来反秦,彻底和大秦说拜拜。"

萧何一番情深义重的话,说得大家感慨万千,连刘邦也被感动了,他昂着头,眼里一片墨色,刹那间他貌似真的读懂了萧何的心。

这时候又有人说萧何如果不想干,让曹参干也可以,毕竟曹参是捕头出身,干个县令还不是小菜一碟。

曹参最清楚萧何这番倾情表演的目的,做配角就要做得恰到好处,冒泡要冒得适时!曹参忍着笑绷起脸,开始配合萧何为刘邦作嫁衣裳。只见曹参起立啪的一个敬礼,有板有眼地说:"众位父老兄弟们,可不敢拿俺曹参开玩笑啊,俺能吃几碗干饭,俺自己心里最清楚。俺是干过捕头,但是俺怕死,更怕上战场。父老乡亲们啊,生命只有一次啊,俺可不敢拿着自己的性命开涮,俺这个人比较爱惜自己,求求大伙放过俺吧!"

刘邦沉默地看着萧何和曹参演着双簧。这世间唯有萧何这个男人这样力挺他,支持他,毫无私心地把他往高处捧,这是怎样一种情分?刘邦心里满是柔软的感动,那是知遇之恩,那是拥有大智慧的两颗心灵的相傍相依。

萧何对大家说,他是学法律的,对军中大事是擀面杖吹火——一窍不通。按照大秦的律法,聚众造反扰乱社会秩序,这可是犯了杀头的罪,主犯和从犯所受的刑罚有所不同,主犯罪大恶极,还要株连九族。但从犯就另当别论了,纵使不能保全自己的性命,但可以保住亲戚朋友不受牵连。如今这世道乱成一锅粥,各路诸侯蜂拥而上,想扳倒大秦,以后保不住要血战沙场。如果他命好,众诸侯旗开得胜还好,如果这大秦朝廷扳不倒,众诸侯被大秦给灭了,那他可没有胆子拿一家老小亲戚朋友的性命来开玩笑。所以这县令,他断然是干不得的。

萧何说得有理有据,真的唬住了一屋子人。他既然能把话说到这份儿上,就足以证明,不论谁干了这个破落县城的县令,都明摆着不会有好下场,甚至连他的全家也没有啥好果子吃。纵使台下有人本来想着碰碰运气耍一把,这下再也没有敢吭声的了,好好的谁吃饱了撑的敢拿自己和全家人的脑袋开玩笑啊!

曹参、夏侯婴他们偷笑着对萧何伸了伸大拇指。

聪明如萧何,他这一番慷慨激昂的演说只不过是为了给刘邦打头阵,为刘邦用语言开出一条官路而已。倘若萧何真的如他自己所说贪生怕死没有担当,他就会安于现状,守着自己的老婆孩子,过好自己的小日子。他没必要费尽心思给自己找不利索,也就不会撺掇着刘邦造反。

萧何瞅着大家都被他忽悠得云里雾里的,趁势恭恭敬敬地朝刘邦深拜下去:"县令大人在上,请受萧何一拜!"

曹参、夏侯婴他们正在偷笑呢,看到萧何对刘邦行大礼,赶紧和萧何站在一起,冲刘邦拜了两拜。那些请来的知名乡绅们,一看萧何都甘居刘邦之下,谁还敢有别的话说,一同叩拜县令大人。大家一起混江湖谁都不是傻瓜,这个起义军的头儿,这个一县之长不是谁想当就能当,更不是谁想当就能当好的。

刘邦自己也有取秦始皇而代之的野心,但是当着萧何、曹参和众人的面,他总得表表谦虚,为自己赢得人心。幸好萧何一再坚持,大家也只好顺水推舟。其实跟随刘邦这么久,大家心里也都有数,要是刘邦真的经不起推敲,大家就是亡命天涯,也不会跟着他混江湖。

萧何的话固然有忽悠的成分,如果事情惨败,起义军领导人的家人势必会跟着受牵连。从当时的历史条件来看,起义成功的可能性并不大,这一屋子人的思想境界,还没有都上升到舍小家去冒险的高度。说到底,这做沛县的芝麻官儿,本身就是一场华丽的冒险。谁都不肯掰下自己的脑袋揣在怀里,心甘情愿地给大秦做活靶子。就现在这阵势,一伙散兵游勇连个领头的都没有,一旦秦兵袭来,只能坐以待毙。总不能眼睁睁地看着兄弟们好不容易直起腰杆来了,再沦落到任人宰割的命运。所以大家都想,既然事情闹到这一步了,总要有个人能在这当口挺身而出,刘邦义不容辞地担此重任。

这个世界上,伟人或成功人士的身上总会有一些不常见的闪光点。他们往往会有一个无形的磁场,可以聚集无穷的人气,这样的人天生适合做领袖。经历了百转千回,如今尘埃落定。刘邦名正言顺地变身为沛县的县令,官至七品。手下带领着几百号人的队伍,虽然比不上地方武装政权,但也算是正规的军事武装。

刘邦生于沛县,起于沛县,手下这帮兄弟也都是沛县的土著,这出任一县之长了,总得有个正经的名号吧。萧何是鼓捣文字的高手,取个名字是小菜一碟。古代对人气旺、声誉好的人尊称为"公",刘邦现在是这一方土地上的父母官儿,将来不管官做得多大,都忘不了沛县的父老乡亲,所以就叫"沛公"。

自从那天萧何屈膝一拜,把刘邦力挺上政治舞台,就已用无声的行动证明了萧何甘于人后,做一片绿叶,默默无闻地衬托出红花的美丽。

第十二章

机变：变身二把手，甘做绿叶扶红花

戏剧性转换新的人生定位

沛县县衙大院张灯结彩，城墙上的旗帜迎风飘扬，比刘邦娶吕雉那会儿还热闹百倍。这新领导上任，得折腾得人尽皆知，这就是萧何的目的。

刘邦率众人庄重地在旗帜下宣誓，正式反秦！县衙门前的巨幅布告上张贴着新一届领导班子的名单：刘邦任县令，萧何任县丞兼督事。按秦朝官制，郡设郡守，县设县令，县令以下设县丞，地位在县令之下，相当于现在的副县令。督事的意思就是说萧何为副县令，总理众事。

萧何能稳居二把手，与刘邦和平共处几十年，这自有他的过人之处。萧何把刘邦这枚金子从深埋的沙子里发掘出来，精心雕刻与打磨，他愿刘邦从平凡到不朽，化腐朽为神奇。刘邦为萧何搭建了最宽松最和谐的发展平台，让他炫出最耀眼的光彩。纵观大汉的历史，究竟是萧何成就了刘邦，还是刘邦成就了萧何？

刘邦与萧何的工作轨迹从这一天开始，有了新的转折。人生和职业身份的定位，出现戏剧性的转换。原先，萧何是刘邦的直接上司，刘邦作为泗水亭亭长由萧何直接管辖。如今，人家刘邦稳坐大堂，手拍惊堂木喜气洋洋，成为群龙之首，变身为萧何的领导，领导了他一辈子。萧何现在是一人之下，千人之上，将来是一人之下，万人之上。

历史上，臣子成为皇帝的伯乐的，虽说不是前无古人后无来者，却唯有咱萧何。萧何终于以他的谋略劝道,把这位大汉未来的开国皇帝从一介平民挺上历史的旋转舞台。这对最佳的布衣将相搭档,携大汉起义集团初期成员,不再是搭台唱戏的草台班子,而是从乡村移步县城,正式成立了正规的起义部队。

纵横官场,选择跟努力一样重要,选时机,选路线,选人才。创业嘛,先站住,再站高,先成长后成功。刘邦很幸运,刚起步时就有人才资源优势,吸引了萧何、曹参、夏侯婴、周勃等地方名流加盟,一时间是声名远扬,队伍的规模也由最初芒砀山时期的百十号人发展到近三千人。路走到这儿,刘邦也算是小小地成功了一把。

沛县起义为刘邦日后逐鹿中原、问鼎天下,夯实了最初的根基。顺理成章,大汉集团的前身,第一代领导班子集结完毕。从此后啃着甘蔗上楼梯——步步高,节节甜。刘邦就是搂着这三千士兵的家底儿,正式开始了他春风得意的官场生涯。

做一个官场新兵,让自己更有价值

萧何也正式开始了他的管家婆生涯。这恍然一梦间,工作环境、身份角色发生了变换,萧何却是心甘情愿的。在官场中,一夜醒来,平级的同事变成了上下级,还会有很多人转不过弯来,更别说你的属下突然变成了你的上司。

曾经的他们,一起考上官差,一起进了新单位,一起酒酣耳热抨击不平的现实,一起猫单位餐厅吃饭,是手拉手肩并肩一个战壕里的战友。忽然有一天,彼人成了他的上司,板着脸给他分派工作任务,并对他做的工作百般挑剔,大多数人难以接受这样的心理落差,而变得不配合新上司的工作。

以前意见不合,他会跳起来和彼人争到脸红脖子粗,现在却猛然意识到他们不再是拴在一个槽子里吃食的马,彼人是他的领导,是他工作上的管理者和监督者。现实就是很骨感,曾经的同事,现在的上下级,谁都不能改变的现实就摆在那里,人家为上你为下。彼人不摆官架子,身为领导关心一下属下,他骂人家虚情假意,装腔作势。彼人板起脸来,他骂人家翻手为云覆手为雨,翻脸无情六亲不认。总之,彼人先比他更上一层楼，他是一千个一万个不适应。不是感叹世事无情，就是感叹自己怀才不遇，甚至酒醉悲问苍天，既生瑜，何生亮？其实彼人率先升职就说明彼人自有过人之处。在官场中混得有靠山，但比靠山还可靠的，是让自己有价值，能抓住机会让自己升值，这样的人就是智者。

这属下做了自己的领导，就感觉别别扭扭，横竖都不得劲儿，说到底就是一个心态问题，一个面子问题。无法重新给自己定位，无法重新进入自己新的官场职位角色，无法扯下自己的面子，无法放下自己曾高高在上的心，所以才会羡慕嫉妒恨，才会感觉疙疙瘩瘩别别扭扭。有一种境界叫放下，有一种心态叫舍得，只有放低心态，才能放低姿态。

萧何从堂堂大秦县衙的第一支笔，变身为刘邦的副手，角色却转变得特顺溜。萧何没有像某些官场新兵那样，看到同事升职而心生嫉妒，不配合领导工作。当初人家刘邦做亭长时咋样来到自己面前请示汇报工作的，现在萧何加倍地回报给了刘邦，在人前对刘邦是恭敬有加，一天三次像刚进门的小媳妇对公婆那样地给刘邦请安。

一个人在官场混得成功与否，有时并非只靠他的才华和能力。这些细节看似不值得一提，有时却是决定一个人在官场中成败的关键。萧何这个人最大的优点就是能认得清自己，张口闭口县令大人长县令大人短，勤请示勤汇报，让那些在一边瞪着眼等着看热闹的人佩服得心服口服。

力挺刘邦，萧何是相当卖劲儿。有钱的捧个钱场，没钱的回家取钱再捧个钱场，名人是捧出来的，好领导是挺出来的。别拿村长不当干部，别拿领导不当领袖，这就是人家萧何和新任领导相处的妙诀。既然一心一意地成全了刘邦，就得化作春泥更护花，让领导活得够鲜明够出众。放下自己，就给他的锅里加点儿米，给他的灶下添把柴。如今，曾经的领导屈身原先属下的灶前，锅沿儿上这口饭，不仅要吃，还要吃好，所以用平常心操持柴米油盐酱醋茶，好日子要往好里过。咱们萧何不是一般的睿智，他知道一个人在官场中混，心稳手才会稳。

现在刘邦就是萧何的旗帜，指引着他前进的方向，而萧何对自己亲手扶持的领导，是绝对的服从。主动地找领导汇报工作，虚心地接受他的批评,曾经勾肩搭背亲密无间的时光都要深埋在心里,拉开彼此的距离。

秦末是一个呼唤英雄的时代,刘邦赶上了好时候,从一开始就占尽了天时、地利、人和。从一个活跃在山林里的草莽领袖,变身为农民起义的头儿,融入以陈胜、吴广为代表的农民起义的洪流中,在斗争中茁壮成长。

自从起义后,刘邦集团以反秦作为长期的奋斗目标已正式确立。朝夕相处的岁月拉开了序幕。萧何就和刘邦长相守了,这长相守是个考验,随时随地,一生。说到刘邦与萧何的关系问题,从开始就是这样微妙又复杂,像知己心心相印,像兄弟惺惺相惜,刘邦对他言听计从,他对刘邦绝对忠诚。一句话,你是我心中的月亮,散发着清雅和冰凉;我是你心中的太阳,给你提供足够反射的光。

放低身段,做好手边的小事儿

萧何为人小心谨慎,在领导面前分寸拿捏得当,尊重领导,又懂得换位思考,为人处世低调。对于一个精于谋算的人来说,忠诚、担当、贡献、道义、责任、荣辱这六点是相辅相成的。暂时的低头是为了将来昂头,为了将来站得更高。先让自己升值,然后才能升职。这是亘古不变的官场规则。很多时候,你的工作态度,会决定你一生的成就。那晚萧何闭上了眼睛,就看到了自己的前途。

彼时,沛县大广场上,部队正在紧锣密鼓地操练着。整齐的步伐踩到最铿锵的鼓点儿上,战车、弓箭等武器装备被整齐地排放在校场上。樊哙、夏侯婴、周勃、曹参等一行人兴奋得合不拢嘴,刘邦站在高高的台阶上笑成了一朵花。这大汉的团队在创业之初举步维艰,一直没有真正属于自己的地盘儿。现在,总算混出点儿眉目,诸位武将总算是英雄有了用武之地,弯弓搭箭忙得不亦乐乎。

只是苦了人家萧何,跟着刘邦辗转大江南北,干的工作全是些鸡零狗碎、针头线脑般的小事,拉一张破烂桌子,给战士们发发军衣、洗漱用具等,这支笔杆子最多还能起草个文件,给领导写个发言稿。萧何拍拍身上的尘土,瞅着远处正在操练的队伍呆呆地出神,虽然他尽职尽责地做事,但看到别人忙碌的背影时,心里还是难免有些落寞。

刘邦翩然而至,他顺着萧何的视线望着远处,并把一件袍子披到萧何肩上:"大哥忙活完了,就进帐休息会儿吧?"

萧何蓦然回首叩拜道:"不知道沛公驾到,真是失礼了,请受萧何一拜。"

刘邦扶住萧何的手臂,不让他跪拜。萧何执意行完礼:"这是该有的礼数,不能免的。"

刘邦冷不防地拉起萧何的手,那双写字的手满是冻疮和老茧,刘邦动情地说:"大哥,这段时间队伍上的事儿多,忙不过来,真的辛苦你了!"刘邦不容拒绝地把萧何拉进营帐里,亲自给他的手抹上药膏。

两个男人沐浴在马灯昏黄的光晕里,萧何听刘邦侃侃而谈:"大哥,以后等咱们有了自己的地盘儿,日子过好了,我给你整一间像样的办公室,到时候你就做你喜欢做的事情,这些杂七杂八的事情就交给别人去做好了!"

想不到刘邦一个粗线条的爷儿们还这么体贴,这倒是真的让萧何心生感动。事实就是这么简单,领导送出一句知冷知热的话,当兵的累死累活都值得。一个能对属下谦恭的领导,值得属下全心全意地苦苦追随。刘邦够煽情,萧何就感动得一塌糊涂了。刘邦对他尊敬有加,他对刘邦有礼有节,两个拥有大智慧的男子彼此间互相欣赏,又刻意地疏离对方,方能看清对方的优点和缺点,为了共同的理想而携手并肩。

那晚,萧何第一次听刘邦说起他宏伟远大的理想。彼时,刘邦去押送劳工那会儿,在去咸阳的官道上偶遇秦始皇正在华丽丽地出访,马路上的老百姓们都被驱赶到警戒线以外,但他们依然簇拥着围观,那阵势那排场真是气势如虹。在拥挤的人群里,刘邦只顾看热闹,躲闪不及,差点儿被卷到秦始皇的车轮底下,秦始皇的侧脸正好闪过车窗前,但在瞥见秦始皇的一瞬间,刘邦脱口而出啧啧赞叹道:"大丈夫生当如此啊!"他这句脱口而出的经典语句,成为催人上进的名言,就凭这句话,刘邦也能被评为年度最牛的励志哥。

那时刘邦还是大秦普通子民一枚,他看到那波澜壮阔的场面,那铺张喧嚣的阵势，心里充满了羡慕与向往。对于处在社会最底层的芝麻绿豆小官儿来说，刘邦并没有想到将来某一天他会取而代之，但这次的邂逅却刀刻般印在他的心头，他梦想着将来有一天能和秦始皇一样风光。

第十三章

低头：新领导别人屋檐下求发展

陌路相逢，将遇良才

萧何这名随军的高级干部，足智多谋的未来丞相，舍家撇业，忠心耿耿地辅佐沛公鞍前马后辗转于军前。

其实，刘邦是一个大智若愚的领导。他的野心可不只在沛县。刘邦是个积极的冒险主义者，他从来都不按常规出牌，当年在芒砀山没白待，积累了丰富的战斗经验。地盘小没有关系，关键是你要有向终极目标靠近的野心，一步步慢慢地拓宽前行的路。

起点低不代表终点低。人，是混出来的；地盘，是打出来的。人生只要开步走，总比原地踏步好。于是，刘邦携他的布衣团队，众将士磨刀霍霍小试牛刀，他们从自己的老家沛县出发，辗转干了几桩漂亮的买卖。

枪林弹雨中，最能鼓舞人心的，就是打个漂亮的大胜仗。刘邦的身上最不缺勇于冒险的进取精神，众将士跟随这样的领导，一定是干劲儿十足。舍不得孩子套不着狼，这一点刘邦是再认同不过了，当年他自己就是胆大包天玩儿了场空手道，把吕雉娶到了家。活在乱世的风雨中就得有魄力，自古成功险中求，只要不是刮浮夸风，胆子大一点儿也不为过。

刘邦攻打下丰乡后，本想一鼓作气，继续攻打别的县城，扩大自己的地盘儿。没想到百密一疏，驻守丰乡的部下雍齿背地里降服于秦军,给刘邦的后院燃了一把火。刘邦正率兵在攻打泗水城,一听到这消息气得他脸都绿了,大骂雍齿这个吃里爬外的浑蛋。这丰乡的群众都是刘邦知根知底的父老乡亲,现在雍齿反了刘邦,是想让刘邦自吃自,雍齿的这一招很阴损。刘邦实在咽不下这口窝囊气带兵杀回丰乡,但雍齿城门紧闭,刘邦竟然久攻不下,无可奈何只好撤军,一路上都想着去别处借兵。

于行军打仗而言,刘邦此时正处于劣势。创业艰难百战多,纵横战场,哪有常胜将军?谁都会经历挫折和失败。万事开头难,没有失败和牺牲换不来自己的钢铁长城,想要做大事,就要有百折不挠的决心。

刘邦在心里发誓一定要搬到援兵。这天,刘邦的大军行到留城(今江苏睢宁县古邳镇)时,邂逅了一个人,他就是未来西汉开国元勋、政治家、军事家、"汉初三杰"之一的大谋士张良。

惨淡的夕阳若有若无,疾驰的骏马扬起漫天的灰土,古老的官道上旌旗飘扬。刘邦手挽缰绳,拉了急刹,张良的马险些就踩到刘邦坐骑的前蹄上,两匹马因为距离过近仰天长啸,一时间战马嘶鸣,彼此的部下马上围拢成攻击之势,双方各自亮剑。

不打不相识,刘邦和张良下马侃侃而谈,谈他们对人生、对社会、对当下局势的看法,对未来的憧憬等,没想到英雄所见略同,两个人大有相见恨晚之意。刘邦和张良透露了各自的意图,都是前去投奔起义军,真是人生何处不相逢,相逢一笑皆是缘啊!彼时萧何在看守所邂逅刘邦时,也是雷同的感觉,那是拥有大智慧的男人之间惺惺相惜的感觉啊!

两个人相遇,接下来的不是事故就是故事。张良和刘邦的相遇,也充满了戏剧性的色彩。张良,原本不是草根百姓,而是流落民间的韩国贵族,他的父亲和祖父在韩国官至丞相,是货真价实的官二代,实打实的豪门贵公子,家丁仆人就有三百多。早岁哪知世事艰,张良未曾做官却过着富贵闲适的生活。韩国第一个被大秦吞并时,张良还年少,大家族的陨落,让少年张良的心里燃起熊熊的复仇之火。他恨透了秦始皇,在他幼小的心里,国破家亡都是拜秦始皇所赐。

那一年,张良听说秦始皇出游,他毅然遣散家僮,刚去世的弟弟也没来得及安葬,便雇了个杀手想狙杀秦始皇,没想到连他的一根毛发都没伤到。这秦始皇是国家元首啊,出门巡游岂能轻车简从,随随便便地就让一个刺客给灭了?皇帝为防止暗杀,会同时派出几辆相同的马车,甚至还有替身,混淆刺客的视线。张良雇用的刺客失了手,只刺中了秦始皇的一辆副车上的替身。

帝王的车队竟然混进来刺客,秦始皇很是火大,痛斥御前侍卫,并下令颁发了多道全国通缉令,限十日内缉拿张良归案。张良为躲避追捕只能隐姓埋名,亡命天涯,恰巧流落到了下邳。

即使张良在以后的岁月做不成大汉政坛的一颗明星,仅刺杀秦始皇这一桩买卖便可青史留名,因为那一刺惊艳了大秦的时光。人生永远都是公平的,失之东隅,收之桑榆。张良在下邳隐匿了十年,十年磨一剑,足够把自己重新打回太上老君的炼丹炉里再炼一把,铸就一个全新的自己。无论是从个人的学识还是为人处世方面来看,现在的张良已不再是昔日那个莽撞到视死如归的轻狂小生。

如履薄冰的境遇,也许有一天它会带给你奇迹!下邳,是给张良带来好运的地方。有一天,张良闲来无事到下邳的桥上散步,邂逅了隐于民间的高士黄石公,方才打造出一个"张良拾履"的神话。正因为张良已是一个心纳百川,有着远大理想的进步青年,所以他忍得住黄石公让他拾鞋的屈辱,经受住了这位老者的考验并得到了赏识,从而获得了黄石公馈赠的兵家奇书《太公兵法》。

黄石公对张良说:"只要读了这本书,将来可以帮别人振兴国家,可以为王者的老师。十三年后,如果张良能到济北谷城,山下有块黄石,那就是我。"张良知道自己得到贵人相助,他始获至宝每每挑灯夜读,把这本奇书背得滚瓜烂熟、铭记于心。十三年后,他不负黄石公所嘱,到了谷城下取走黄石相伴一生。张良终于修得正果,盼来了柳暗花明的春天。世上任何的成功都不容易,这该受的罪你受了,该受的折磨你熬过去了,你才会看到和别人不一样的风景。

话说,陈胜、吴广起义后,各地那些有志之士,义无反顾地加入起义队伍中来。一时间大秦南北群雄四起,大有燎原之势。和刘邦在芒砀山率部起义几乎同时,蜗居乡野的张良没有丝毫犹豫,联合了当地一百多名热血青年,大张旗鼓地响应起义。

此时此地,两个有着共同理想和追求的男人骤然邂逅。刘邦身为沛公,那种放荡不羁与从容大气的气质相得益彰,自有一番王者气概。刚才,刘邦在奔驰的骏马上俯身挥鞭,身后是威武的随从,一行人驰骋在落日熔金的古道上,简直把擦肩而过的张良给看呆了。张良那清秀的面相,大方的谈吐,沉稳的性格,可以与萧何媲美的浓浓的书卷气质,也深深地吸引着刘邦。

刘邦是很有个人魅力的领袖派男人,人际关系处理得非常漂亮,谈吐优雅见多识广。作为没落贵族的公子哥张良,也感受到了刘邦像众星捧在手心的明月,银辉四射。总之,这两个人的偶遇,是王八看绿豆——对上眼儿了,用现在时尚的名词儿来讲,就叫很来电。孔雀东南飞,五里一徘徊,这一场宿命的遇见,张良为刘邦改变了自己的人生方向。为千里马者,也为别人的伯乐,昨日刘邦被萧何赏识,今天刘邦慧眼识金,把张良带回了军营。有趣的是,刘邦和张良相识的地方很应景的就叫留城,现江苏沛县的东南方,因此,大汉建国后,张良被封为"留侯"。

自古成大事者,要懂得广建高素质的人际关系网。人到用时方恨少,也是一种悲哀。为领导者,要把可信赖的人紧密团结在自己周围,并为他们创造一个能自由发挥才智的广阔空间。这伙人只有团结协作,拧成一股合力,才能形成牢不可破的合作关系。刘邦是个做领导的好材料,物不能尽其用,人不能尽其才,那是做领导的悲哀。领导爱才,上下齐心协力,大家同呼吸共命运,才能在乱世的风雨中傲然挺立于不败之地。

刘邦政治集团的核心成员,三缺一已到任两位了。刘邦是一个知人善任,懂得因材授职的主儿。他把一见钟情领来的知己张良,下放到最底层喂马砍柴做弼马温,是为了给张良一个基层锻炼的机会,最后才能攀上金字塔顶端看大汉波澜壮阔的美景。君不见,沛公身边的将才帅才们可都是起于微末,一步一步地从小做大的。初入官场的年轻干部,要先在基层挂职锻炼,和老百姓们打成一片,在群众的大熔炉里冶炼好了,才能等着炉火纯青时冒着热气儿新鲜出炉。

先站稳再站高,保存实力求发展

话说刘邦在丰乡被雍齿那个浑蛋抄了后路,他就率领着手下这一干人,准备去投奔起义军项梁。但是目的地还没到,却在留城华丽地演绎了一场美丽的邂逅,带回了张良。

彼时,刘邦这支队伍,刚从山上的起义小分队整编成正规部队,要对付强势的大秦军队,依然是势单力薄。若不依附于别的军队,他们就难以在激烈的反秦战争中求得一席之地,更别说攻城拔寨打下自己的地盘了。大汉政治集团在创业初期要钱没钱要人没人,除了沛县连个立足之地也没有,要想求生存、谋发展,仅靠自己的实力比登天都难。刘邦表面上大大咧咧的,其实内心心细如发。他知道混江湖的道道,先站稳再站高,一口气吃不成大胖子,乱世之中懂得借力才是生存下去的秘籍。所以,眼下得先找个屋檐遮一方风雨,保存自己的力量再求发展。

当时周边的起义军里,就数项梁搞得最轰轰烈烈声势浩大。顺理成章地,刘邦就率领着他的部队准备投于项梁的麾下。

项梁何方高人?江苏省宿迁人士,楚国望族名将项燕的小儿子,项羽的亲叔叔,秦末很牛的起义军领袖。和吕雉的爹吕名文一样因和别人结了冤仇,为避难才流落到会稽郡吴中来。项梁文武双全,颇得当地有志青年的热捧,他还开了个免费的武馆,闲来无事就教这些热血青年研读兵法,学点儿武艺。乱世之秋,能学点儿真功夫,指不定将来就能派上大用场,即使是世道太平,也可用作防身用。

这个时期侄儿项羽也跟随在项梁身边。项羽,盖世无双的英雄,以"力拔山兮气盖世"闻名于世。刘邦的生死哥儿们,未来最强势的竞争对手,后来的西楚霸王,早年也跟随叔叔隐于民间体验生活。

彼时,项羽年方二十四岁。在钱塘江邂逅秦始皇出游,当看到阵容庞大的仪仗队华车如盖闪过时,他脱口而出:"彼可取而代也。"这一句与刘邦邂逅秦始皇时所说的"嗟乎,大丈夫当如此也"一样慷慨激昂,却更显得霸气十足。那时那地那景,刘邦有的不过是羡慕,他的人生理想骨感得很,还没有上升到取而代之的高度。而项羽的理想已经很丰满了,他的人生目标和远大理想是赤裸裸的,如若上苍给他机会,他会取秦始皇而代之。少年英雄梦简单直接,气势如虹。

刘邦还在沛县做无赖的时候,人家项羽就跟随叔叔项梁策马奔腾,南征北战于血火沙场了。他先刘邦一步,成为反秦跑道上一匹遥遥领先的骏马,成为无数有志之士和青年才俊所羡慕、效仿的领跑者。他本天骄,少年为将,性格刚烈高傲。"羽之神勇,千古无二"的美誉,他受之无愧。

富贵非纨绔,将门育英杰。将门之后的项羽出落得一表人才,身高一米八开外,伟岸魁梧人又聪明,正值青春好年华,少年豪情猎猎意气风发。自小偏偏和刘邦一样也是个不爱读圣贤书的主儿,他心比天高认为读书无用,一心想学用兵之道,将来驰骋万里沙场,那才是大男人本色。他是为乱世而生的英雄,如若生在太平盛世,项羽也许就会颓废成一个纨绔子弟,无忧无虑过着尊贵却波澜不惊的幸福生活。偏偏适逢乱世,项羽在秦末农民起义的疾风骤雨中被疯狂地卷上历史舞台,开始了他昙花般短暂却又绚烂的人生。

陈胜、吴广在大泽乡扯起反秦大旗之时,项梁、项羽爷儿俩一商量,召集有志之士和父老乡亲,第一时间响应起义的号召摘了会稽太守的项上人头。起义的小红旗哗啦啦一挥,那些平时在项梁武馆里习武的后生们,四邻八村那些正一腔热血无处挥洒的青年们,也都慕名而来投奔项梁的队伍。这一挑旗子,就是起义军八千多人啊,那阵势汹涌澎湃,天地任我去闯,气势不可当。

项羽跟着叔叔正式闪亮登场,登上反秦的历史大舞台,紧锣密鼓地行动起来。智者善于抓住机遇,把它变成美好的未来。不管啥时代,做大事者,行动胜于心动。在一场又一场的对秦战斗中,这位出身贵族的将门之后,家庭条件优越的富二代,名门望族的贵公子,那是战功赫赫,勇猛无双,得到了只属于他的美冠——霸王。

纵横官场,你早已准备好了吗?条条大道通罗马,想要在官场上小荷露出尖尖角,最简单的办法就是率先走在别人前面,比别人早一点儿做好准备。成功永远都没有旁门左道,预先准备等待机遇,适时出击才能决胜千里。

世上成功的人不可能一步登天,所以他要忍得住委屈,当自己力量薄弱、成功条件生涩的时候,他能弯下身子,端起别人家的饭碗,看着别人的眼色过生活。刘邦如今就低眉顺眼地屈身在项梁麾下,是因为他要等待成熟的机遇。

上天就是这样神奇地把刘邦和项羽这两个未来的竞争对手,安排在了同一个屋檐下,自此,他们就成了一个战壕里的生死兄弟,都归项梁领导,是项梁的部下。

乱世中预先准备,等待机遇君临天下

彼时,最先揭竿而起的起义军领袖陈胜光荣战死沙场,用生命为一生一世的理想谱写了一曲历史的悲歌。兔死狐悲,起义军中人心惶惶,想前进,不知道路在何方,想后退,可已经回不去了。

此时,项梁、项羽叔侄俩正亲率精兵十万开进薛城(今山东腾州以南)。这支规模庞大的正规部队,吸引了无数前来投奔的小股起义军,刘邦率领的沛县起义军也加入到这个大集团里来。刘邦在项梁这儿混得是如鱼得水,他看到了朝气蓬勃的士兵,感受到了起义带来的悸动的气息。他的心都激情澎湃着,俺刘邦再也不是孤家寡人,俺是有组织的人了,如今造了大秦的反,就要把斗争进行到底。他品味到了追随强者的美妙感受,当然也有寄人篱下的苦楚,可这份苦楚他只埋在心底。

这个时期的刘邦和项羽有着共同的理想和信念,肩上都扛着反秦的大旗,为了推翻大秦的暴政为己任,携手作战。

项羽年轻气盛,刚愎自用,总认为天下老子第一。这和他的年岁有很大关系,一般男人年轻时才会目空一切,才会气势咄咄逼人,后天的修炼会拓宽他的胸襟。但这丝毫不影响项羽的人格魅力,傲人的资本让他在秦末纷繁的乱世中,卓然独立独成一帜。

反观刘邦倒是占尽了优势,他正值壮年,不管是社会经验还是个人阅历,他都胜项羽一筹。要想在别人的地盘上站稳脚跟,没有被主家踩倒,反而获得项梁的器重和信任,这得益于刘邦积极乐观、忠于职守,懂得服从的工作态度。刘邦不仅是个很果断的人,也是一个能屈能伸的领导。在自己力量薄弱的时候,他懂得审时度势,对周边的大环境和秦末的政局有着清醒的认识。忍一时之屈,咽下当前的万种不如意,这是王者奋起前的沉默,也是韬光养晦保存和壮大实力的必备素质。

别看刘邦现在寄人篱下,可他总抱着"我就是要登上巅峰"的心态,他相信自己总有一天一定会成功的。强烈的自信心,激励着刘邦积极地想出各种各样的方法,一步一步地取得成功。即使身处逆境他都没有放弃过希望,没有停止过拼搏。行为决定习惯,习惯决定性格,性格决定命运,这个被人熟知的道理被刘邦演绎得淋漓尽致。刘邦积极地正视工作和生活,他坚信只要生命生生不息,只要奋斗不止,人生终将辉煌。

自从他被萧何帮扶着踏上官途,自从他邂逅秦始皇,他的心里就燃起希望之光,这光芒照亮了他前行的路。刘邦是个认准了方向就绝不放弃的人,就是因为他胸怀这样坚定不移的信念,日后他才能在和项羽的激烈角逐中,爆发出征服整个世界的力量。

这两位未来为了争夺天下而争得你死我活的生死冤家,现在是同拴在一个槽子里刨食的两匹烈马。在办公室里,他们是同事;在办公室外,他们是好哥儿们;在战场上,他们是可以为彼此挡子弹的战友。刘邦比项羽年长很多,二人的关系称得上是忘年交。在一次胜仗过后,他们在烽烟滚滚的战场上,望着被秦军刺穿的旗帜义结金兰。刘邦为兄,项羽为弟,他们对着厚地高天来起誓:生在这狼烟四起,国破家亡的乱世,二人以推翻暴秦为己任,为了共同的绚烂前程一起骑马打天下,上刀山下火海,永不言悔。刘邦为长兄,但他没有架子,为人随和。项羽虽为少主人,但他对刘邦敬重有加。两个自信的男人同为项梁的部下,二人共同联手,所向披靡,在对秦的战斗中一次又一次地卷起万丈狂澜。

话有千种,委婉相劝最动听

虽然,这一路走来小有胜利,但绝不能因此沾沾自喜。每每看到刘邦有翘尾巴的兆头,萧何总是很适时地敲打敲打他,给他上上课、醒醒脑。自古骄兵必败啊,陈胜的死又给头脑有些发热的刘邦敲响了警钟。

夕阳拉长萧何和刘邦一高一矮两个晃动的身影,萧何和刘邦相跟着边走边侃侃而谈:"沛公,官场并非都是一马平川,您一定要与时俱进,不然就会被社会淘汰。"

萧何慧眼看世界,纵观大秦风云千变万化。他望着刘邦凝重的脸,继续说:"人才,就是这样炼成的。大秦从最初的薄雾冥冥,混到现在的摇摇欲坠,冰冻三尺非一日之寒。如果大秦朝廷有所作为,采取相对宽松的政策,让老百姓尚有一线生存的机会,也不会沦落到今天的境地。全国各地烽烟四起,四处都有难民,偌大一个秦朝沦落到崩溃的边缘,既有天因也有人为。其实,无论何事于国于家,最终是胜在一个'德'字。国家失德,民心丧尽;家庭失德,人心散乱啊!我们现在栖身在别人的地盘上,凡事更得多为自己谋划下一步才是啊!寄人篱下只是权宜之策,而非长久之计啊!"

萧何的谋略之才,越发彰显得难能可贵,他无时无刻不在关注着刘邦的思想动态,总是及时地对他进行疏导和激励。刘邦抚须低叹,言语里隐含着自责:"这些道理,我何尝不懂?你舍家撇业地跟随我,只是我无能,现在竟然沦落到在别人的锅沿儿上讨饭吃,让你一介书生跟着我辗转于营帐之中,做这些杂七杂八的琐事。俺刘邦生来就不是看别人脸色吃饭的人,如今俺领着你们低下头是为了什么?天知地知,你知我知啊!"刘邦对萧何是说不完的歉疚和感激。萧何为他所做的一切,岂是一句简单感激的话就能讲明白的。这一生一世的情意,他日后自有报答。

"大哥,不管你造不造反,暴秦迟早要败。创业嘛,先受苦,再享甜,我们就是要为自己的理想而奋斗!你将来是要做大事的人,咱不必顾忌别人的脸色,只要我们心中的目标坚不可摧,就一定会坚持到成功那一天。"萧何听到刘邦的话里带着颓废,便很适时地委婉劝慰、鼓励他。

刘邦这些自嘲自叹的话是断不会和外人说的,男人做大事再辛苦也不说,躺下自己把伤痛抚摸。他心里和萧何一样是门儿清,他要活下去，他带出的这支部队要活下去，死心塌地追随他的人要活下去，他没有理由不坚强。他特欣赏陈胜的名言："王侯将相，宁有种乎？"一个人的路是自己踩出来的，成绩是起早贪黑做出来的，命是自己活出来的。这条路注定曲折漫长，他也要用自己的艰苦奋斗，谱写华章，奏响胜利的凯歌。他挺直腰杆对萧何说："大哥言之有理，我们在创业之初，一定要清楚我们准备干什么，最适合干什么，然后不断地尝试，不断地失败，不断地总结反省，然后坚持下去。"

乱世的风吹过，将这些大汉的主角们催送到历史的站牌前。反了，或许还有生还的机会；不反，很简单一个字——"死"。向前一步，疾步跨上急速前行的列车，退后一步，就被无情地卷到滚滚的车轮下。这，刘邦清楚，萧何更清楚。

其实，世界上没有比死更容易的事了！可是人既然来这个世界走一遭，就得活出个样来给自己看给别人看。人只有这一辈子，总得在千秋万代过后，给后人留下点儿什么。做大事不容易，再苦再难也要坚持。

人都有进退两难的时候，特别是混在官场，混在历史风云突变的风口浪尖上的时候，就特别需要有一种力量和信念支撑着他们不断前行。

好钢用来铸利剑，好兵用来打硬仗。如今看铁蹄铮铮踩踏万里河山，谁有本事站在风口浪尖紧握住日月旋转，谁就是最后的赢家。

第十四章

历练:起义大熔炉里百炼成钢

屈身别人屋檐下韬光养晦

眼下,斗争形势不容乐观,起义军被大秦的大将章邯打得节节败退,陈胜、吴广惨遭失败。

在这个反秦斗争几乎濒临绝境的节骨眼儿上,秦末汉初交替的历史扉页上,一次具有划时代意义的会议隆重召开了。著名的薛城会议是由项梁出面张罗,各路英雄纷纷云集薛城,共商反秦大计。会议回顾了历史,总结了打仗的经验教训,一致推举项梁和项羽为起义军领袖,并重新拥立楚国后人为王,确立了关于起义军未来的军事主张和方针路线等大问题。

新的起义军领导班子由项梁和项羽二人担任,因为他们是坚定的战士,是踩着无数大秦将士的尸体站起来的,也是血雨腥风里摸爬滚打混出来的。他们义不容辞地承担起众将士们的领导工作。项梁在薛城会议上所表现出来的智慧,充分说明了他是一个杰出的起义军领袖,在各路起义军群龙无首人心摇摆不定的关键时刻,他无疑成为大家的领路人和主心骨。

项梁向大家着重分析了陈胜、吴广惨败的具体原因。项梁强调陈胜最重要的就是滋生了骄傲自满的情绪,以至于陈胜手下的大大小小的将领们不再受他这个大领导的节制。各自打着自己的小算盘配合不当,彼此间开始争权夺利,导致起义军队伍人心散乱,工作滞后变得杂乱无章。总之，起义倒是轰轰烈烈地开始了，可是各项后续工作都没有跟上，虽然将士们在前线和秦军浴血奋战，可军心不稳，战士们积极性不高，影响了战斗力。这是战争失败最致命的因素。

薛城会议，成为起义军反秦历史上生死攸关的转折点，在反秦起义军几乎全线沦陷的时候，让各路英雄们看到了走向胜利的曙光。特别是刘邦，在这个大家庭感受到了集体的温暖和力量，正式向起义军组织积极靠拢，他将不再是一个人在战斗，他也是有组织的人了，他的身后有成千上万的将士，从此后他们万众一心，为了黑暗过后即将到来的黎明而奋斗着。

薛城会议上，各路将领还一致通过决议，达成了抗秦统一战线。项梁和众将领都明白，单靠某一个团队来对付大秦，无异于以卵击石，陈胜、吴广这个血的教训就是最好的例子。再单枪匹马搞单干重蹈覆辙，只会给起义军造成不必要的牺牲。前段项梁、项羽的七万大军也在战场上屡屡受挫，再让士兵们白白地去前线送死，起义军真的是伤不起啊！薛城会议的精神很明确，大秦的堡垒摇摇欲坠，墙倒需要众人推。不管你张、王、李、赵、王二麻子，一句话，各路精兵强将，只有联合起来才有出路，才有可能推翻暴秦，才能在以后的反秦道路上所向披靡、无坚不摧。

这时候，项梁、项羽集团的谋士范增也欣然登场。后来项梁因轻敌阵亡后，范增一直追随项羽，项羽尊他为亚父。范增，安徽巢湖人，是秦末著名的政治家，他上通天文，下知地理，并精于兵法，因无视大秦的暴政而隐于乡间，又因仰慕项梁的威名主动上门来为项梁献计献策。薛城会议上，年近七十的范增唱了半个主角的大戏，他劝说项梁立了前楚怀王的孙子熊心为楚怀王，以此来号令天下。

此楚怀王本是在民间的皇家遗珠，在薛城会议隆重召开时，他才被项梁尊为"楚怀王"。这美名"熊心"的楚怀王还是有雄心壮志的，他之所以说"先入咸阳者为王"，铺下这么大个棋盘，就是为了撺掇着项羽和刘邦等各路英雄激情博弈、鹬蚌相争，到时他便可坐收渔翁之利。到时候无论是谁称了王，都要给他点儿薄面嘛。

话说，刘邦在项梁手下当差，工作做得踏实，人际关系处得好，仗打得漂亮,深得项梁的喜欢和器重。刘邦和项梁、项羽爷儿俩,本是两条一辈子都不会相交的平行线,如今却是朝夕相处,但寄人篱下的滋味,大多是哑巴吃黄连,有委屈有不平,也得咽下去。刘邦是微末的小草根儿,项梁却是贵族之后,那项羽就是含着金钥匙出生的富二代、官二代,而且少年有为,战功卓著。纵使项梁再平易近人,再没有官架子,纵使项羽和刘邦再兄弟情深,项家人那种与生俱来的优越感,也难以让刘邦自在。

但为了手下的兄弟们能有口饭吃,能混个好前程,刘邦他忍了。他的郁闷,萧何都看在眼里,他不止一次地对他说:"一个成大事的人,要具备'忍'这个最基本的能力,面对不公平境遇没有别的话说,俩字,坚持!"

萧何的为人处世之道,和风细雨般潜移默化地影响着刘邦。纵使所有的委屈在心底流淌成河,脸面上也得艳阳高照。宠辱不惊,才能闲看庭前花开花落;去留无意,才能淡看天上云卷云舒。这便是行走江湖之道,是混迹官场的妙谛所在。刘邦是没喝过多少墨水,但他脑子活络,好使,很灵光。部队的发展和前途重要,还是自己个人的委屈重要,他拎得清。

刘邦出身卑微,可是他志向高远。一个人想成大事,如果连这点儿委屈都承受不了的话,那想展翅高飞将是无稽之谈。实力微弱时没别的选择,忍耐才会有时机,暗中积蓄能量,才能加重自己的分量,壮大自己的实力,才有可能在以后残酷的对敌斗争中立于不败之地,以后的历史给了最好的答案。

好风凭借力,积攒成功的资本

项梁集团,不管是对于刘邦自己,还是对于那些同生共死的兄弟,都是一个不错的发展平台。这项梁是起义军的领袖,绝非等闲之辈。他知道刘邦和自家的起义军都是拴到一条绳子上的蚂蚱,彼此间利益共存,一荣俱荣,一损俱损。

项梁把刘邦认作干儿子,出手就给他拨了五六千人,帮他攻打丰乡。刘邦正求之不得,马上率领这支大部队和嫡系小分队,大张旗鼓地杀了回去。当日在丰乡,雍齿叛变投敌后,刘邦曾伙同偶遇的张良小分队,一起攻打丰乡而不得。刘邦这才跑到人家项梁的地盘上来求生存谋发展。这回刘邦总算等到秋后算账的机会了,雍齿吓得躲在城里不敢露头。雍齿也算是有头脑的武将,他知道人在江湖漂哪能不挨刀,他更清楚,出来混终究还是要还的!此一时彼一时也,现在的刘邦不是被自己赶出丰乡时的小头目了,而是在抗秦战场上名声赫赫的大将了。

雍齿知道凭借自己这点儿微薄的力量,和刘邦干仗肯定会死翘翘,所以他趁着黑夜逃出丰乡到魏国去了。没承想,当时蛊惑他背叛刘邦的魏国,如今却容不下他。走投无路之下,他只能折回来再投靠刘邦。按理说,雍齿的立场不够坚定,反复之人不可信,然而让所有人震惊的是,刘邦因感念雍齿是一位久经沙场的将才,非但没舍得杀他,反而拜他为将。雍齿惭愧之余,对刘邦那叫一个死心塌地,后来成为未来大汉的开国名将。

历经挫折,刘邦又夺回了丰乡,也算是有了自己的一亩三分地。刘邦下令把丰乡改为丰县,留下精兵强将驻守,萧何亲自绘出城防图,刘邦自己亲自部署并督导丰乡的外围防务工作,把小小的丰县围得跟个铁桶似的,别说秦军了,连一个蚊子都休想飞进来。

想得到偏又怕失去,人混迹于江湖不能过无根的日子啊!窝在别人的地盘上端着别人家的饭碗,得陪着十万个小心,时时处处受节制,终归不如自己当家做主来得痛快,在自己家的地盘儿上,哪怕只是蜗居,吐口唾沫都感觉掷地有声。

萧何在跟随刘邦转战南北的日子里,清晰地看到他自己亲手物色发掘出来的这块金子,闪着越来越璀璨的光彩,自己苦心培养的领导已经逐渐成熟起来了。刘邦忍得住委屈,为的是早日脱离被动的局面,变被动为主动,他一次次地在逆境中突破困境,积攒下日后成功的资本。刘邦一直很专心地做着自己最擅长的事情,借助别人的力量为自己建功立业开辟一条绿色通道。这一点萧何绝对看好他,跟着这样的领导,又何愁将来没有自己施展才华的一席之地呢?萧何培养领导的功夫,那可绝对是百分之百一流的。

花开无声,大象无形,为什么古往今来,很多出色的名臣都能通过自己的领导来实现自己的人生理想呢?因为他们爱国爱家,全身心地为领导谋利益,为了领导的天下,奉献全部的力量。领导尽全力拓宽舞台,对属下言听计从,是为了人尽其才,发挥属下的特长。做属下的只有找到适合自己的舞台,才能各得其所。真正能游刃有余地掌控大局的,有时并非是铁腕的领导,而是优秀的职业CEO。萧何正是这样的人。

刘邦是个知恩图报的人,自己的高楼大厦快要竣工之时,岂能把跟随他的兄弟们晾晒在大马路上?但凡他有了施展才华的大舞台,一定跟兄弟们一起共襄胜举,支持他们华丽地炫出最出色的自己,从而实现自己的人生价值。

刘邦和他的兄弟们一起成长起来,这足以令萧何感到欣慰和骄傲。把握好生命里的每一分钟,全力以赴共同的梦,世无终南捷径,成功之路时常会充满坎坷,可全力踏平坎坷,前面会是一个明朗的天。

机会来临,群雄逐鹿中原

自从刘邦做了老大,他所有的辛苦萧何都看在眼里。虽然刘邦觉悟高,率先向陈胜、吴广的起义军队伍靠拢,可毕竟是自称的,没有军饷、没有活动经费,几千号人要吃饭、要穿衣、要行军、要打仗,这是赤裸裸的现实。

俗话说得好,兵马未动,粮草先行。萧何这个大汉最出色的后勤CEO,跌跌撞撞地度过了见习期,就此光荣转正,接手刘邦团队的行政后勤管理工作了,他的经历可以写成一本《萧何随军管理笔记》或《那些年,跟随刘邦随军的日子》。

新立的楚怀王在新定的神都盱眙(今属江苏省),这个古老的县城自古就是人杰地灵、物产丰富之地,有"两亩耕地一亩田,一亩水面一亩滩"之称。楚怀王当初发布指令:"谁先进入咸阳,平定关中地方,谁就是关中王!"这话明摆着让实力相当的刘邦和项羽争个先后高低,明摆着让他们在这次角逐中决出子丑寅卯。

关中,即关中盆地,指八百里秦川,今陕西秦岭渭河流域一带,有东西南北四大关,大散关、函谷关、武关、萧关。这里工农业发达、人口密集,是富庶之地,是人杰地灵的好地方。关中的名字最早发源于战国时期,后被《史记》称作"金城之国"、"四塞之国"、"天府之国"并延续至今。有陕北高原和秦岭这两道天然屏障,四方都是关隘,地势险要,使得关中这个地方自古以来就成为兵家必争之地。

所谓兵家必争之地,不外乎三个方面:一是历史名城,二是山水险阻关隘要津,三是交通枢纽。这关中盆地正符合这三个条件。两军对垒之时,谁抢先一步占领了有利地形,谁就优先取得了胜利的入场券,无形之中就先胜出一筹。谁能夺取关中,便可统治天下,这可不是一句空话。

兵贵神速,项梁接纳了军师范增的建议率部队全线出击,从楚怀王的神都盱眙出发,经山东济宁进入东阿大败秦兵,起义军取得节节胜利。不幸的是,项梁被胜利冲昏了头脑,在定陶战役中光荣战死。项羽痛失亲人,可身在烽烟滚滚的战场,他没有时间流泪哭泣,只能含泪掩埋亲人继续冲锋陷阵。

刘邦和项羽各率领自己的部队,向着关中的中心城市咸阳进发,开始了第一轮的正式较量。统率千军万马逐鹿中原,不管是刘邦还是项羽都想先进驻咸阳,统领关中为王。然而军令难违,项羽即使有一万个不情愿还是被楚怀王编入救援军,奉命去巨鹿攻打章邯率领的秦军去了。项羽心急火燎,巨鹿之战耽误了他进军咸阳的脚步。章邯投降后,项羽不再有任何障碍,率军火速向关中的东大门函谷关进发。

咸阳王室风云突变,高层政变严重影响了秦军的士气。适逢刘邦大张旗鼓地招降,很多沿途守卫的士兵都纷纷倒戈投奔刘邦,刘邦兵团实力大增,士气正旺,全线扑向咸阳。在这场激烈的角逐中,刘邦平白无故地捡了个大便宜,率领西征军逼近函谷关,现在竟然快跑到终点了!

刘邦在频繁的抗秦战斗中,逐渐成长为一名优秀的军事统帅,就连樊哙、曹参、周勃等人也都茁壮成长起来。作为领导,刘邦却低调得很,不仅能活学活用战略战术,还能率先垂范,与众官兵保持一致。并身先士卒让手里有限的兵员和武器发挥最大的功用,所以刘邦统率的西征军虽然良莠不齐,却也历练成一支驰骋在疆场的常胜之师。军队里上至萧何、曹参、夏侯婴这样的高级干部,下至小战士,都对刘邦佩服得五体投地,就连刘邦本人也超级佩服自己,恨不得对着铜镜给自己磕俩响头。

胜利在望,扶领导再上马

在战争中,一位军队的领袖拿啥来服众?很简单,打铁先须自身硬,自己没有实打实的真本事就别指望属下们能信服。刘邦是位很能干的领导,这无可非议。

彼时,咸阳城门大开。自古城门这东西,就有二怕,一来怕城门失火,因为城门失火,会殃及池鱼;二来怕城门被敌军攻破,城内守军必全军覆没。城门说到底就两扇门板儿,门板外鼓角争鸣,将士士气如火,军号如雷,喧嚣一片,城墙上方飞过密集的箭雨。城门内守军将领歇斯底里地喊着"给我顶住",但这时候往往就是真的顶不住了。此时的咸阳城,已是乱成一锅粥,上至大秦高层,下至普通士兵,都没有了抵抗和防卫的能力。

真的顶不住了,也不想顶了,秦始皇的孙子秦王子婴被形势所逼,主动投降,大秦的万里江山终于沉没!最后一抹落日余晖,消失在地平线上。

谁都不曾料想,刘邦这沛县里曾经的无赖,竟然以王者的身份杀进咸阳来了。人不可貌相,海水不可斗量啊!对于刘邦来说,后天的努力才是他成为胜者的关键所在。时势造英雄,从某种意义上来说时势就是机遇。自从被萧何挺进官差的队伍,一路风霜雨雪走到今天,刘邦没有放过任何一个发展自己事业的机会。一个人啊,要是不逼自己一把,还真不知道自己究竟有多优秀!这不,一不小心,一"失足"成千古风流人物了。从今天起,刘邦的人生翻开了新篇章。

对于萧何来说,又何尝不是呢?他牵马站在咸阳城门口,遥望着城外浩渺的天空,一时间更是心潮澎湃无限感慨。他知道大展宏图的日子为时不远了。他梦想中的美丽新世界,就在不远处向他招手。发现千里马、培养千里马、给千里马配上鞍、把千里马扶上征程,他一路跟随着刘邦经历了血与火的洗礼。虽然他不能和夏侯婴、樊哙他们一样横刀立马,去前线奋勇杀敌,但是他心甘情愿地为这个团队里的每一个人打杂善后。

光阴如箭,弯弓发射一瞬间,在马背上的岁月像流星雨一样闪过啊!

从头一次萧何陪刘邦率领芒砀山的游击队开进沛县县城,到费尽心机把刘邦推到县太爷的宝座上,转眼间第二次进城了,这次他和他的部队过五关斩六将,杀进皇都里来了!

远望着战马上刘邦伟岸潇洒的身影,萧何几度泪湿。总是在梦里期盼着千里马扬鞭奋蹄的时刻,而当这个时刻摆在眼前的时候,萧何还是情难自抑了。夕阳染红的街道上,古老的城门口,一人一马却又平添了几分别样的味道。

刘邦的战马回首,在萧何的战马边上很亲昵地引颈长啸着转了一圈儿。"大哥,怎么了?"刘邦从不听萧何的劝,总是习惯在无人的时候称他大哥。

"哦,没事儿,我还没有进过咸阳呢。"萧何娴熟地跨下马掩饰道,"沛公,依属下拙见,咱们部队进城后还是先维持城内秩序要紧。"有了率领起义军进沛县的先例,萧何胸有成竹地提醒刘邦,刘邦一如既往地对他言听计从。

五颜六色的旗帜迎风招展,刘邦的大部队蜿蜒了好几公里,有序地开进城来。这是一支打了大胜仗的队伍,众将领们一个个神采飞扬。夏侯婴、周勃、卢绾、樊哙等这些武将们更是喜上眉梢,他们从来都没有这样兴高采烈过。跟着刘邦打拼了这些年,天天提着脑袋向前冲,总算是小有收获,取得了阶段性的胜利,怎不叫人心花怒放,欣喜若狂?

刘邦的布衣团队从大山转入县城冲向首都,千年的大道走成河,多年的媳妇熬成婆,就算是苦熬也熬出名堂来了。

第十五章

登峰：好属下不畏浮云遮望眼

满目繁华中，放大领导的优点

刘邦当年进的沛县小县城，都是自己的地盘，没啥新鲜的，抬头低头都是乡里乡亲，闭上眼都能摸索到家乡的一草一木，小小的县城再富裕，也比不上皇城的一个小脚指头啊！可现在置身于大秦的首都，这可是秦始皇的皇宫啊！

刘邦的西征军集团，除了他从沛县带出来的那些嫡系兄弟们外，别的大都是一路加入进来的，可谓鱼龙混杂，他们一直跟着刘邦在外面小打小闹，哪见过这样的大排场。嬴政的宫殿里到处是金砖玉砌，满目金碧辉煌，皇宫里宝贝数不胜数，让人眼花缭乱，很多将士的眼珠子都发绿了。看在眼里是不够的，要搂到怀里再吃到嘴里，吃饱了再兜着，兜不下了再拽着，总之，以据为己有为目的。

当然，这些行为仅限于那些底层的士兵们，像夏侯婴、曹参、樊哙这些部队里的高级将领，是万万不敢像这些人一样胡作非为。一来，他们的层次没有那么低，二来，刘邦从沛县带出来的这帮亲信部队还是遵守军纪军规的，刘邦要是一翻脸，那可不是闹着玩儿的。

刘邦眼一瞪脸色一沉，夏侯婴、樊哙、周勃他们就直发毛。战争年代，军队统帅的威望是咋得来的？不用问，是打出来的，好男儿一身是胆，试想如果一个军队的统帅不能打仗，如何拿下那一座座城池。兵熊熊一个，将熊熊一窝，千军万马集结到战场上，小命就捏在了军队统帅的手里啊！刘邦和项羽这个骨灰级的军事指挥天才能够对抗那么多年，足可见他们在军事方面的能力旗鼓相当。刘邦的大部队从离开沛县那天起，一路跋山涉水地打过来，还能一路高歌猛进，杀进皇城，充分说明了刘邦也是个军事天才。

虽然刘邦出身卑微，起点低，但人家进步快。萧何之所以费尽心机地把刘邦挺到沛公现在的位置，是因为刘邦的确也有过人之处。他有胆识、有智慧，敢于担当，曹参、夏侯婴等那些曾经端着朝廷"金饭碗"的人，从不敢轻薄于他，更没有不拿领导当真干部。能爬到管理阶层的人，别管人家当初爬高采取的是啥手段，运气也好，投机也罢，总之现在是他管理你，而不是你管理他。作为一个领导，他身上总有值得属下学习的地方。

至于萧何，更不用细说，他从一开始就拿刘邦当大领导着重培养，如今对刘邦更是敬重有加。刘邦表面粗枝大叶，但遇事绝对沉着冷静，胆大心细，富有冒险精神，这一点萧何从心眼儿里佩服，并自叹不如。刘邦不仅是他的领导，也是他前进路上的指明灯。刘邦的领导魄力，让他越来越清晰地看到了自己的理想在前方熠熠生辉。

繁华富贵，乱花迷了领导的眼

彼时，面对飞来横财，面对金山银海，面对刹那间从天而降的繁华富贵，大家是什么反应呢？夏侯婴曾经是赶马车的，手握鞭子的人喜欢啥？很简单，他一溜烟地向御马房冲去，先下手为强啊，那些名贵的宝马、昂贵时尚的香车可不能花落别家！

干啥的喜欢啥，卖啥的吆喝啥。曹参曾是沛县的前任捕头，当然稀罕长枪短棍的，皇家的枪械库里肯定藏着先进的家伙什儿，战场上的武器装备如果滞后，就只有挨打的份儿，落后就要挨打，有武器才有战斗力嘛！瞧，曹参风驰电掣般地杀进皇家枪械库。

刘邦气定神闲地走到秦始皇的后宫闲庭信步来了，后宫有佳丽啊！这阿房宫长得是方的还是圆的，里面是啥样儿，刘邦一概不知。不仅刘邦不知道，天下的老百姓谁又曾见过呢？想当年，小草根别说是靠近阿房宫，就算只想在阿房宫外拍个照留个影，恐怕没等着他靠近宫墙一步,就让侍卫们给乱棍打死了。想要和秦始皇的帝国大厦玩个亲密接触,除非他自己真的不想活了。

万水千山总是情,山不转水转,天不转地转。秦始皇不是很牛吗?还不是前人栽树,后人乘凉,谁承想刘邦也转悠到这千古一殿里来凉快凉快了。

大男人,爱江山更爱美人,后宫佳丽何止三千人啊!爱美之心人皆有之,人人都有欣赏美的权利不是?那一夜究竟是谁动了秦始皇的奶酪?

刘邦站在如花美眷面前,如同刚才那些看到金山银山的小士兵,眼珠子都绿了。他挪不动腿,迈不开步,恨不能即刻拥入怀中,左揽沉鱼落雁,右抱闭月羞花,情切切良宵花解语,巴不得整晚在卧榻上意绵绵暖日玉生香。面对刹那间袭来的荣华富贵和满眼的人间美色,刘邦是按捺不住地心动,甚至有些忘乎所以。做梦都不敢想的事啊,咋就这么突兀地摆在自己面前,刘邦在那一个瞬间就决定为这些如花美眷留下来,并以身相许。

樊哙一看这阵势急了眼,劝说刘邦:"沛公沉迷于这些奢华的劳什子做什么?难道您就想一夜暴富,一辈子和这些金山银山白头到老吗?"

刘邦的无赖的性子又上来了,任凭樊哙咋劝都不动脚,他厚颜道:"兄弟啊,人要尽其才,物要尽其用,人类才能向前发展,社会才能不断进步,世界才能美满和谐。浪费可耻,节约光荣嘛,这么多的好东西不用,弃之可惜了……"

正好张良从偏殿路过,恰巧听到了樊哙的高嗓门儿,和刘邦死乞白赖的一番话,他差点儿喷饭。走近些又瞧见刘邦一脸兴奋,手里捧着一件绝世的宝贝正在把玩,还时不时瞟一眼长廊里那些吓得怯怯发抖的小妞们。张良知道刘邦爱怜香惜玉的老毛病又犯了,他一来是舍不得这唾手可得的荣华,二来是舍不得那些被秦王抛下的美眉们。其实刘邦心里偷想,自己做个废品回收站也好啊,专门回收二手的东西,特别是稀罕二手的妞,日后稍加点拨,一定胜过沛县胡同里那个风流的小寡妇。张良和樊哙对刘邦是千哄万劝,好不容易才把刘邦劝回军营驻地。

智谋独到，为领导保存文献

这人声鼎沸，到处是吵吵嚷嚷的争夺声，唯独没瞧见萧何的人影，这家伙难道猫到哪儿图清闲自在去了？大错而特错也！萧何早趁大家忙乱的工夫，率几个亲近的兄弟，溜进了皇家藏书摩天大楼。

不仅如此，他还第一时间派可靠的部下包围了丞相御史府。按秦时典制，丞相和御史大夫，几乎包揽了一切朝中事务。萧何精通秦时律例，知道这座大楼里藏的才是真正的宝贝。

他穿梭在一排排书架之间，一双慧眼扫着秦朝各种图书文献资料和各类法律条令等档案，这些可是治国平天下的现成的策划蓝本。当家主事，没有这些东西就会两眼一抹黑，不知道从何处下手。萧何果断地吩咐手下，把这些珍贵的律令、文献、图书等档案，一一登记在册，以免混乱之中有所遗漏。这些都是没白天没黑夜地耗费了无数人才、物力、财力才编撰出来的，这才是真正的无价之宝，这可是治理天下、了解九州风土人情的第一手资料啊！

萧何心里清楚，黄金万两容易得，条令一本也难求。在这一点上，萧何过人的眼力和独到的智谋，的确与众不同。刘邦做汉王之后，之所以能够准确地掌握第一手资料，多亏了萧何的慧眼，赞他为异才。

刘邦起义集团军的兄弟们大多是贫贱出身，大字识不了一个的主儿。这次能跟着刘邦杀进皇都，冲进皇宫，早已被金银珠宝和美色迷了眼，大家注了鸡血的脑子就一个字：分！分财宝，分美女，没人稀罕这些珍贵的档案，没人拎得清这些东西的分量和价值。唯有萧何，深知这些东西对于政权建设的重要意义。

手中的地图有各种各样的版本，从皇都到地方郡县、城镇村庄，覆盖范围至全国。哪个地方的百姓生活富裕安康、物产丰富？哪个地方土地贫瘠百姓还在贫困与死亡线上挣扎？哪个地区的治安管理得当，哪个地区社会秩序混乱不堪，土匪山贼满城跑？哪个地区可以享太平，老百姓斗争觉悟高？哪个地区的人口密集，不适合发展大工业而适合搞民生？哪个地区的人口密度小，地广人稀，适合搞军事演习和操练？纵观大秦从天南到海北，一共有多少个重要的关隘、军事要塞和交通枢纽,哪个城市的军事力量薄弱?得到了这些宝贝,想要不了解上面这些情况都难。

日后刘邦要想发展得更好,这些东西都是必不可少的。一个未来的国家,像春天的娃娃,从头到脚都是新的,它的崛起往往历时漫长。旧的腐朽王朝坍塌了,但是他们的资料还能用啊!自己领导的创业成功之路还在紧锣密鼓的施工中,这废弃的资料能利用的就要利用起来。萧何最会细水长流地过日子,对待工作从来不曾马虎过,时时处处都在为自己领导的丰功伟业着想,积极主动地把每一件小事做好,而且做得出彩。

一个人能把官做至丞相,就绝不会是泛泛之辈。他在一大帮子同事中之所以能脱颖而出,靠的就是做了跟别人不一样的事。所以,我们别总是瞅着领导的宠臣不服气,人家的恩宠可不是白捡的,仅仅依靠拍领导几句马屁是无法登峰造极的。这样的人是会拍,但也得有真货,他的发迹和升迁自有道行值得我们学习。

为什么萧何就能受到刘邦的青睐,且混得大红大紫?那是因为他无论何时何地,工作业绩都绝对突出,做事一丝不苟。即使是只给刘邦写一份作战反思记录,都挑不出一个错字,没有半点儿马虎。这就是人家的工作态度,能把平凡的工作做到极致而绝不敷衍。脚踏实地的工作作风,往往是一个人开启成功之门的金钥匙。

第十六章

精心彩排：赢在转折点

权衡得失，劝领导还军灞上

黄沙弥漫风似刀光，铁马踏梦血如残阳。

刘邦的西征军顺利进驻咸阳，且不说手底下的士兵上演了一出哄抢金银财宝的闹剧，单说刘邦自己也差点儿一脚跌倒在这绝世的荣华和温柔乡里，大有在这里终老的阵势，他的心啊这辈子都没有这么跌宕起伏过！

待萧何、樊哙和张良巡视一圈回来，一进门看大家还围绕着刘邦，热火朝天地讨论，内容无非就是咸阳城如今就在咱们自己的口袋里，也不枉无数将士抛头颅、洒热血，咱们应该留在这里把咸阳建设好等等。

刘邦那张棱角分明的脸也因兴奋而涨得通红，一个劲儿地点头回应着："说得好说得好，众位将士都功不可没，我愿与大家一起留在这里，共享荣华富贵。"

萧何和张良、樊哙视线一对，不约而同地笑出声来，三个人分别给刘邦行叩拜礼后坐下。看来刚才樊哙和张良是白劝刘邦了，敢情是劝着皮儿没劝着心。

张良忍不住第一个发言："沛公，您贵为三军统帅，西征军的总司令，我们的兵力和项羽的兵力相比可是十万比四十万啊，想必您比我更有数！如果您的人生目标就是做一个小小的关中王，那您就此扎根在这里。如果您的眼里还有天下，那我们就开步走！"

刘邦斜睨了张良一眼,继续海侃狂吹道:"这乱世洪荒王侯将相,有谁能称王?唯有俺刘邦是也,做王的感觉妙不可言啊!鱼,我想要;熊掌,我也想要。这咸阳城一不是偷的,二不是抢的,是俺凭实力打下来的,捧在手里稀罕稀罕又如何?俺还要让兄弟们都在这里立业成家,娶妻生娃,过上好日子呢!"

将士们心花怒放,为刘邦的英明决定拍手叫好。

萧何知道刘邦这是又头脑发热了!他给刘邦泡了杯茶后劝说道:"咱们的起义大业尚未成功,沛公您仍须努力啊!眼下离一统天下的日子还远着呢!这军中之事,凡事遇缓则圆,您岂能和我们一样目光短浅,只看这一时,贪图眼前这点儿荣华富贵?等将来您称霸了天下,别说一个咸阳城,到那时整个天下整个中国都是您的。咱可不能一脚就绊倒在这里,怎么着也要等到胜利的小红旗插遍全国后再享受,您说是不是这个理儿?"

"赞一个,真是头脑冷静的智者,我完全同意萧秘书的建议。三秦的万里山川,曾湮灭了昔日秦始皇踏平六国的烽火。而今天下诸侯四起,各路起义军扛起反秦的大旗,这里势必又会血流成河。关中的百姓是看惯了战火纷飞,所以看到咱们的大军进城,城中的百姓是惶惶不可终日啊!所以我们就是要和老百姓来一个'约法三章,还军灞上'。"张良一番对时下形势冷静的分析,令萧何肃然起敬,这恰巧也是他心中的意思。

可是张良的话无疑就是一磅重型炸弹,还没等他论述完毕,一屋子人便炸了锅。

第一个跳起来的就是刘邦:"我说你们俩几时开始穿一条裤子了?我们留守咸阳,也不会误了跟项羽过招。要走你们走,反正我要留在这里。"刘邦环顾四周发现夏侯婴、周勃他们都在笑,骂了句:"笑什么笑?愿意跟我留下的举手!"

屋内刚才还人声鼎沸,现在却没几个肯举手的。起哄归起哄,关键时刻大家还是没有跟着领导一起头脑发热。尤其是刘邦的嫡系部队,还是深谙以退为进、大局为重的道理。一致同意张良"还军灞上"的决定,并按萧何的安排展开工作,尽全力维持咸阳城的新秩序,以保全城百姓民心安定。

刘邦只得把心中那一万个不情不愿全压在心底,签署撤军令。

夕阳晚照,映射着阿房宫的琼楼玉宇,刘邦的大部队又浩浩荡荡地开出城外。仅仅一天的时间,他们轻轻地走了,正如他们轻轻地来,他们轻轻地挥手,不带走一箱金银珠宝,不带走一个美女娇娃,不带走一片金砖碧瓦。

萧何紧随刘邦,他瞥见刘邦的眼里依然满是对咸阳的依依不舍,体贴地安慰道:"沛公所做实在令属下佩服,能赢而不赢,常人所不及,不蝇营于小利,不短视于眼前,这才是大领导做派,未来的皇家风范嘛!咱们只是暂时地离开,将来,萧何和众位兄弟们还要陪您一起杀回来呢,到那时咱们才是真正的胜利之师。"

刘邦狠狠地瞪了萧何一眼,战马嘶啸扬尘。

萧何、张良、樊哙和曹参等人相视一笑,策马随行。

时间定格在公元前206年10月。关中北风凛冽,秦时明月高照,万里长天一片萧瑟。刘邦率领大军闪电般地撤出皇都来到灞上,头枕着三秦厚土,天当被,地当床,风餐露宿何等艰苦。晚上露宿街头,默默为百姓打扫街道;白天坚守纪律,为喧嚣繁华的城市维持治安。

刘邦的部队用行动,向观望的关中百姓诠释了仁义之师、文明之师的风采,实属难得。

巧避锋芒,忍耐是正视现实的智慧

那一年的腊月,天寒地冻,十万大军蜗居在这里,萧何随着刘邦屯兵灞上。衣食住行,吃喝拉撒,还有思想政治工作把萧何忙得跟陀螺一样连轴转。萧何这个未来的大汉管家是事事都要操心,这不他带着一支警卫队伍巡视函谷关来了。

函谷关地处长安古道,紧依黄河岸边,是通往两京洛阳、长安的必经之路,并扼住其古道咽喉。古来就有"天开函谷壮关中,万古惊尘向北空"之说,一夫当关万夫莫开,地势险要易守难攻。纵观两千年历史长河淹没了多少浩荡的争战,函谷关稳稳地立于山川之间,沐浴着战争的烽火,敞开怀抱,看群雄逐鹿中原。一句话,这里是兵家必争的军事战略重地。高原绝涧中的雄关要塞,岩壁林立,仅有谷底的小路可以通行。

西部已无秦军可挡,只要守住这关中盆地的东大门,别说项羽来了,凭他天兵天将也休想打进来。

这些萧何焉能不知?部队才驻军这里,安保问题迫在眉睫。萧何才到关口,便被一队戎装整齐的士兵执戟叉住。前面开路的萧何的警卫怒了吼道:"萧秘书要视察关口防务,请你们让开!"

守卫的士兵也不甘示弱回道:"属下是奉沛公手谕在此防守函谷关,别说萧秘书,就是吕夫人来了也不行。"一句话,任何人不得擅自进入。

下一秒,驻地刘邦的军帐里,风尘仆仆的萧何卷帘而入,刘邦正端坐上首悠然自得地品着美酒和樊哙、夏侯婴、周勃、张良他们在侃大山。炭火正旺,氤氲着暖暖的热气扑面而来。看萧何进门,一群人集体向萧何问好,萧何回礼后便径直走向刘邦叩拜。

刘邦笑意盎然摆摆手:"大哥不必多礼,都是自家兄弟,外面天寒,赶紧坐下来暖和暖和!"说着便吩咐手下给萧何看座:"这么冷的天,你这是从哪里来?"

萧何言说不冷,拒绝入座,领首言道:"沛公,属下有个问题想请教您,不知道当讲不当讲?"

刘邦倒是见怪不怪地呵呵笑着回萧何:"不要绕圈子了,有话直说就可!"

"好,请恕属下直言了!沛公,您一向英明,咱们一路风风雨雨打拼到今天,其中艰辛不必我多说,您都记在心里。您也常教导我们工作中凡事要以大局为重,不能由着自己的性子行事,以退为进,小不忍则乱大谋。"这就是萧何,他不会当着一屋子人的面,让领导下不来台,即使心中已经如万马踩踏,火气冲天。

萧何一贯低眉顺目,对同事是这样,对刘邦尤甚。现在看萧何一脸寒霜,且拒绝落座,大家心中不免惊诧,也不侃了,一起聚焦于他。

刘邦更是了解萧何的脾气,挥挥手,大家非常识趣地鱼贯而出。

营帐里只剩下萧何和刘邦。刘邦嬉皮笑脸亲自给萧何看座:"哈哈,大哥,你今天这是要雷霆霜降不是?我要再不让他们退下,你是要给我甩脸子看,对吧?"

萧何冷着脸瞥了刘邦一眼,再一次跪下叩拜道:"属下不敢,您就是借属下一百个胆子,属下也不敢给您甩脸子呀!我只是想说,在乱世中打天下实属不易,战争如棋,不管您和谁对弈,作为领导都得深思熟虑、步步为营。棋局无形,智慧无限,说白了,战争就是拼头脑、拼格局、拼境界的高尖端游戏。虽然前几天,我们对您轮番苦谏,可我知道您对咸阳一直念念不忘,可是您怎么就不和大家商量一下呢?做领导的最致命的就是贪欲膨胀脑充血啊!"

刘邦和萧何这对默契的大汉高层搭档,彼此间的了解已经到了骨髓里。萧何一进门冷着脸,刘邦就知道他为函谷关的事而来。要不是他实在气昏了头,他不会当着一屋子人甩脸子给他看的。刘邦这工夫脾气倒是好得惊人,亲手扶起萧何,赔着笑脸给他端茶,并厚颜辩解:"我不就是一时头脑发热听了那个谋士的话,派了一支小分队军管了函谷关吗?你至于发这么大火吗?"

萧何有些恼怒地把水杯摁桌上,苦口婆心地说:"'先破秦入咸阳为王',这只是一场长跑游戏,眼下咱们是先胜项羽一筹,但如今各路诸侯并起,天下大势未定,大家都在瞪着眼瞅着咱们的一举一动,若是项羽和各路诸侯看出您赤裸裸称霸天下的心,舍弃咸阳的戏就算白演了,那咱们和项羽之间的矛盾就会一触即发,他和各路诸侯会为了共同的利益联兵群殴了咱们,到这个节骨眼儿上了,行百里者半九十啊,实力与对手不相当时,轻易地暴露自己的真实意图,会给对手造成可乘之机,这是军中大忌啊!"

萧何说着说着就感情迸发,他从军中大事讲到他跟刘邦的感情,他说:"沛公,从沛县起兵,我们在一起十几年了,彼时我们都还年轻,我们互相见证了对方的生活,还有我们共同创业期间点点滴滴的时光。这么多年,我愿意为了理想和您一起奋斗,无论世事多艰,总要为一些东西而坚持着,现在我们的事业才见起色,我们的集团快速成长,我跟您也磨合出最合理的管理方式,您主外,我管理后勤和内部事务,我们正爬到一个很关键的坎儿上……您说这么重要的事儿,您怎么就不召集大家开个会讨论一下?您就是不跟我商量总得跟张良商量一下嘛！您就不怕樊哙、曹参、周勃他们知道了来群殴了您吗？"

刘邦的个性就是喜欢虚张声势，事儿还没成呢，就先放出风声，造下声势。萧何这么一摆事实讲道理，他意识到自己这步棋走得太没技术含量了，也有些失策。这么多年他面对萧何这个管家婆的唠叨，他是有抗体也有些害怕，萧何唠叨一火车，就后面这感情炸弹刹那间就炸到他的心坎上。刘邦最大的优点是屡屡犯错一教就改，听得进劝谏听得进逆耳忠言。这不，他亲自为萧何添了添茶，拉他坐下："哎呀大哥，你发表演讲辛苦啦，来来来先喝杯茶！这回是我决策失误，一人集中独断没讲民主，我，我们该怎么补救，下一步该怎么办呢？哈哈，叫他们来群殴了我吧？"

那边，刘邦封关的消息长了翅膀一样从函谷关飞了出去。这事传到别人耳朵里，也没有多大的反应，唯有项羽一听就急了眼！兵贵神速，项羽班师亲率大军直逼函谷关。

但函谷关关门紧闭，他被拒之门外。一时间，项羽悲愤交加，仰天长叹，什么兄弟情啊，战友谊啊，都他妈的是假的！在赤裸裸的利益面前，是没有任何交情可谈的！气炸了肺的项羽，一不做，二不休，当晚他就活埋了大秦降兵二十万。他就是要他亲爱的结义兄长刘邦知道，和他项爷争霸，玩儿阴的，是没有好果子吃的。

项羽的强悍令人发指。一夜之间，函谷关外，阴风怒号。

此次封关，刘邦图霸天下的野心真是司马昭之心——路人皆知。项羽也有英雄梦，那就是问鼎中原，挥挥手中刀剑重绘这万里江山。

楚怀王有旨，跑得最快的，才能做关中王。现如今刘邦却先入关中，占了先机，拔了头筹。事实就摆在这里，项羽就是迟到了！半秒也不行，人家冠军拿的就是金牌，你得的却是银牌。项羽爱面子、争强好胜的性格又开始作祟，他向楚怀王上书，希望领导能公平、公正、客观地看待他和刘邦的功绩，在这场漫长又持久的抗秦马拉松中，虽然他慢半拍撞线，可是这亚军和冠军的实力却不相上下，论军力论指挥才能，他哪点不如刘邦？项羽很是可爱，他像一个玩游戏失败的孩子，要求家长更改游戏规则。

可是"义帝"楚怀王一封短信就把他给打发了，上面只写着两个字:"如约"。自此,项羽表面尊他为"义帝",心里却恨透了他。

不甘心失败的项羽入关无望,便统领军队在新丰县鸿门安营扎寨,和汉军两军对垒,旌旗猎猎对峙。情势十万火急,犹如箭在弦上,这时双方一旦有点小摩擦,擦枪走火什么的,便会导致大面积的战争爆发。

战争来袭,巧做领导主心骨

彼时得到线报的刘邦情急之中,本能地反应,宣布汉军军团进入一级战备。命令士兵严防死守,连个苍蝇都不许放进来。

汉营召开紧急会议,汉军集团领导、参谋、将军熙熙攘攘挤了一满屋。自知闯了祸的刘邦这回再不玩领导独裁了,人家直接面不改色地问:"众位将军,前方得到线报,项羽已逼近函谷关,现在离我们汉军不到四十里地,请各位将军赶紧商量个对策,咱们是打还是不打?"

樊哙一听有仗打,兴奋得满脸通红,他拔剑而起:"奶奶个熊的,项羽小儿都欺负到咱们家门口了,打,不打他不知道他樊爷长着三只眼。"

"哈哈,你是三只眼还是三只手?"夏侯婴拿短刃拍了樊哙一下:"去,先把你顺我的咸阳的高级战车还给我!你又不会开,你霸占了去也是把废柴。"

"你们俩又狗咬狗,都火烧眉毛了还吵,打还是不打,表个态嘛,不管你们打不打,反正我打,兄弟们都在这黄土高坡憋出毛病来了,哈哈,咱们去找项羽小儿练练手。"曹参边笑骂夏侯婴,边持刀霍霍。

周勃吹起号角挥了挥手:"兄弟们,战鼓已敲响,同意出战的跟我走,凭什么啊,自己到手的东西再让别人来分食。"

一群热血沸腾的武将,一听战事来临立马群情激昂,撤出咸阳的旧事又被翻出来,一群人恨不得现在就冲出去斩了项羽的项上人头。

刘邦也被勾起旧事,恨得牙根都痒痒,可是想到萧何昨天那番长谈,最后理智还是战胜了冲动,他再次把探寻的目光扫到萧何和张良身上:"大哥,子房,你们说咱们该怎么办啊?"

这一次萧何很痛快地直言道:"沛公,各位将军,我认为现在的时机还轮不到咱们开战。虽然各位将军个个身经百战,但能征善战和出奇制胜是两码事儿。我的意思是咱们先按兵不动,观察下形势再做安排,看有没有折中的办法,因为凭咱们的实力,去和项羽硬碰硬,轻率出战,急功近利,到最后吃亏的还是咱们。项羽个性太强,他一急眼,和别的诸侯达成攻守联盟,咱们会更处于劣势,且不说这一战胜败如何,这对于咱们以后的发展也极为不利。"

萧何还没有阐述完毕,周勃就爆了,他高声反驳道:"萧秘书不分管战事已久,这分明是长别人志气灭自己威风,我们汉军现在是兵强马壮,士气正旺,战士们窝在这里好几个月了,放出去个个是猛虎下山势不可当。"

张良慢条斯理发话了:"我倒同意萧秘书的观点,大家不必冲动,也不必惊慌失措,目前战势是对我们不利,可我们也要以静待危,让敌方摸不着我们的虚实,这样方能化险为夷渡过难关。我们再从长计议,边走边看边决定,未尝也不是一种策略嘛!"

刘邦适时站起来在群情烈烈中做了个战前总结:"哈哈,不错不错,看俺汉家花园百花齐放啊!诸位将军,扎硬寨方能打死仗,告诫战士们修墙挖壕,筑营扎寨按兵不动,给我守好灞上,就按萧秘书的建议办。"

刘邦封关的后果,赤裸裸摆在面前!

可能还有人嫌弃刘邦和项羽之间的矛盾冲突不够激烈,嫌弃这一炉烈焰燃烧得不够旺,便跳出来煽风点火。

汉军军营里的司马曹无伤反水,到楚营求见项羽说:"将军,那刘邦要在关中称王,已经给秦王子婴派发了委任状拜他为国相,大秦皇都里的奇珍异宝,他都贪得无厌地据为己有了。"

不出所料,项羽的火暴脾气一下就被点燃了,他怒不可遏地拔剑向天,冷笑道:"都是千年的狐狸,跟小爷玩起聊斋来了?刘邦你敢惹我,我会让你死得很有节奏感!"他连夜召开了高级军事会议,并签署了一号作战命令,下令犒赏三军,楚军进入了一级战备状态,翌日黎明分四路大军对刘邦军团发动总攻。

本来函谷关那点事儿,已经激化了项羽和刘邦之间的矛盾,再加上现在这个曹无伤来一挑拨,战争很快上升到白热化状态,简直是一触即发。

列席会议的众将士都告退了，项羽还余怒未消，发狠明天和刘邦决一死战。范增起身劝说："主公息怒，这两军对垒，射人先射马，擒贼先擒王。刘邦十分好色而且贪财，可是此番入咸阳，他却一反常态，无视荣华富贵和美色。这说明他的心根本不在这里，函谷关的事儿，您也看清了，他迎您是假，反您是真。"

范增这分明是激将法，项羽被那个曹无伤激起的怒火腾地一下又蹿了上来。他一挥剑，军案被削下半边角来。

一直旁观的项伯起身道："主公，容属下讲几句，范先生讲的固然有道理，可是目前的形势却不适合火并。刘邦是我们的劲敌，虽然他此举阻挡了我们的脚步，可是我们也不能偏听偏信这个曹无伤的一面之词。要不是人家刘邦率先拿下关中，此时我们的部队恐怕还在举步维艰地攻城中，现如今刘邦为了反秦大业立下赫赫战功，咱们却还要吃掉人家，于道义方面讲我们是理亏了。"

项羽急躁地吼道："道义，什么是道义？他刘邦不过是假仁假义而已，他把函谷关把守得死死的，明目张胆地和我叫板，他分明也没有把我当兄弟！"

"就算主公所说是真，他没把你当兄弟，但是亲兄弟还明算账呢，利益就摆在这里，如果我们硬要火并，倒显得你气度短了。你平心静气地想一想，如果真的如曹无伤所说，刘邦为什么不留在咸阳享清福，却甘心退居灞上受洋罪？主公，我认为刘邦此人做事很老到，咱们不能小觑，偏听偏信会误了大事啊！倒不如把他约到楚营来，咱们当面锣对面鼓地问清楚，他葫芦里究竟卖的什么药？到时再从长计议。"自己的侄儿啥性格脾气，项伯闭着眼也清楚，项羽就是一个直筒子，寡谋轻信又自大轻敌。

范增对项羽的了解丝毫不亚于项伯，他就怕项羽这个愣头青被项伯用"仁义"二字给洗了脑，生了妇人之仁，又怕项羽义愤填膺的程度还不够，于是又泼了点儿油："项伯所言有一定道理，可是主公，当断不断，后患无穷啊！刘邦老奸巨猾，根本就没把您放在眼里。依卑职拙见，这一回，咱们要么忍，要么残忍！"

项伯见项羽和范增都跟打了鸡血一样，一门心思想干掉刘邦，他无奈地长叹道:"冲动是魔鬼啊!"然后闪出门去。

项伯反水,萧何将计就计

项伯是项梁的弟弟,项羽的季父,就是年龄最小的叔叔,官居楚国左尹,是掌握全国军政大权的楚国重量级官员。项梁战死之后,项伯最有资格和实力与项羽争夺楚军的领导权,可人家项伯却选择与侄儿携手共渡难关,跟随项羽一起南征北战。

彼时,夜幕低垂,项伯坐在营帐外思绪万千。领导偏听偏信,会直接影响决策的方向啊!楚军将来能走上一条怎样的路,这绝非他一个人能决定的,看来这场恶战是无法阻止了。项伯忽然想起张良,当年他因摊上命案在下邳与张良相识,私交甚好,有过一段共患难的岁月。明天项羽军团和刘邦军团就要血拼了,他必须出手救张良。

项伯挥鞭打马偷出军营,向着灞上而去。

西风烈,天边明月如霜,空气中弥漫着硝烟的味道。

张良看到项伯满脸惊讶:"项伯,是你?你怎么来了?"

项伯把明日两军将要开战的消息,火急火燎地对张良简单地一说,不等他回过神来,就把张良往自己的马背上拉。张良挣扎着不肯上马,把项伯急得高声嚷嚷:"公子,明日就要开战,可你们家沛公不是我们家项王的对手,你就甘心留在这里给他陪葬吗?"

战争爆发前夕,为报答落难时张良的收留之恩,舍下身家性命深入敌营。项伯重情重义,知恩图报,其情可嘉。然而,对于项羽团队来说,项伯不忠不义,不分公私,吃里爬外,战前倒戈,泄露重大军事机密,叛变投敌,把属下对团队、对领导最起码的忠诚置于脑后。

看人家一介文弱书生张良面对战争来袭时是怎么做的!他不顾个人安危,不抛弃自己的团队,在第一时间把重大军情报告给刘邦。

"沛公,入咸阳以来我方伤亡惨重,如果明天开战,那么距上次的战斗时间太短,各级指挥官和参谋都人手不足,恰逢寒冬士兵操练跟不上,临时补充的士兵只能勉强参加战斗,士气正旺但战斗力却不强,依我之见,咱们的兵力恐怕难以抵抗项羽,估计仓促间正面迎敌,我方会吃大亏。"

刘邦沉默片刻答道:"嗯,兵力是悬殊太大,的确打不过他,这可怎么办呢?"

"请允许我现在就前去告诉项伯,您是不会背叛他们家项王的,您看如何?"张良急匆匆地往外走。

刘邦一把拽住他,桌上的佩剑不小心滑到地上。"子房,你先等等,你的身子一直孱弱,从没有离开过军营没离开过我,你是何时与这位项伯成为故交的?这其中会不会有诈?"

"沛公!"张良忙俯身拾起佩剑,双手递给刘邦低眉道:"请允许我以后再和您细谈,现在我只能跟您说,项伯是不会骗我的,他是冒死前来救我的!"

刘邦把佩剑斜插入剑鞘,饶有兴致地看着张良:"那你怎么不成全他的好意,随他而去,反而留下来陪我呢?"

"现在是十万火急,您怎么还想着问这个?"张良恭敬地站住脚,急得满头冒汗。

刘邦示意让张良坐下,笑道:"子房,你告诉我,项伯和我谁比较大?你不必急着去营地外面见他,直接把他带到营帐里来。他是你的故交,就是我的朋友,我一定把他当作兄弟对待。"张良告退,卷帘而去。

刘邦的营帐中闪过萧何的身影,他和刘邦在低语着,刘邦频频地点头并一迭声说:"大哥你就放心吧,我一定按你说的办。"

半小时后,张良引项伯前来。刘邦亲自在门口迎接。双方寒暄过后,刘邦郑重地感谢项伯在危急关头对张良舍命相救!为了表示感谢刘邦主动提出和项伯结为儿女亲家,不过后来,刘邦过河拆桥又撕毁了和项伯的婚约,把鲁元公主下嫁给了常山王张耳的儿子,这都是后话。

彼时,刘邦态度谦卑诚恳地对项伯说:"我自从率领部队入关中进驻咸阳,我连皇城的一只蚂蚁都没有踩死过,只是派部下封闭宫室,退守灞上。在灭秦的起义道路上,我有幸曾和项王一起并肩战斗,如今日思夜盼,等着项王早日驾临共商大计。我只是先到一步,但丝毫没有背叛项王的意思。关中形势严峻,时常有盗贼和不法分子出没,所以我才派兵驻守函谷关,完全是由于安全意识太重。我只希望您回去以后,能在项王面前为我美言几句,把我的所作、所为、所想都如实地反映给他。关中大地,在战火的洗礼中早已千疮百孔。如果我们起义的目的不是为了让百姓安居乐业,还天下以和平,那这一路的出生入死又是为了什么?和为贵啊!"

总之,刘邦千言万语一句话,他对项羽的敬仰之情和忠诚之心如滔滔江水绵延不绝。项伯也被刘邦这一番掏心窝子的话所感动,他甘愿做和平的使者,信誓旦旦地保证会规劝项羽为百姓谋利益,争取和平共处,共赴新的明天。

这项伯还真是讲义气,果真不负刘邦和张良所望,披星戴月赶回楚军大营,把今夜之事和盘托出,末了还不忘使出浑身解数为刘邦美言。总之,项羽采纳了项伯的建议,换了个玩儿法,不动干戈搞和谈。

项伯独闯汉营,本来只是想把张良带走,没想到他这一伸援手直接改写了历史。

乌云压顶,夜色沉沉,营帐里弥漫着紧张的气氛。项伯的人带来和谈的消息,刘邦差点喜极而泣,光速般召开了全体高级将领临时会议,共商明天和谈赴宴的大事儿。全体领导班子正围坐在一起紧急讨论着,这和谈到底要不要去和谁去的问题。

听过百家争鸣后,刘邦慨然道:"众位兄弟,你们的好意我心领了,但大敌当前,我不入敌营谁入敌营?这些年,大家舍家撇业跟着我,枪林弹雨里混饭吃,生生死死多少回了。我知道你们都很勇敢,愿意为了我、为了团队临危受命,可是,我是你们的领导,也是你们的大哥,无论于个人于团队,我这次赴约都义不容辞。好了,这个问题就讨论到这里,接下来我们再商量下后续工作。"

在这次紧急军事会议上,领导都置个人生死于度外了,骨灰级军事高参们也不甘落后,异口同声地表态:"我们这些做属下的谁都不是孬种。"营帐里,大家个个摩拳擦掌争先恐后地抢着加入敢死队,明天要跟着领导向前冲。

萧何最后一个发言了,他慨然道:"沛公,萧何服从命令听指挥,都是热血男儿,谁都愿意把一腔热血洒在战争最前沿,但这谈判不同于在战场上耍大刀。谈判桌上看不见刀光剑影,玩的是无影手,是智慧的较量。咱们的对敌方案在仓促间完成,反击策略难免会有纰漏之处,为了不造成不必要的人员伤亡,这里我只想补充几句,这出戏该怎么演,怎样和敌方领导对话,选择哪条出行路线,选择哪些随行官员,如何保障安全。如果这次历史性的和谈失败了,该如何在最短的时间内安全撤离,撤离后又该如何秘密地潜回楚营进行反侦察?我想诸位将军还是请教下主参谋长,咱们连夜拿出最详细的方案,任务落实到每个人。"

大家领命而去并分头准备。

灞上的夜,一钩新月天如水,长长的马厩里月色斑驳。萧何给刘邦的那匹宝马细心地添加草料,刘邦走近轻声唤道:"大哥工作了一天,怎么还不去休息?这些活儿交给马夫去干就可以了。"

萧何继续搅动着马槽里的草,回了句:"您不是也没休息!"或许是深夜的缘故,他没有像往常那样在人前尊称他为沛公,头也不回地甩了句:"刚才的方案张良传我看过了,樊哙、夏侯婴跟着您属下放心,都是一起从沛县走出来的兄弟,还有那俩新人靳强和纪信也不错,新式武器玩得样样顺手,我只是有一件事不放心。"

"你不放心什么?子房陪同你不放心?你对我刚才的安排不满意?"刘邦转到马槽对面,亲昵地抚弄着那匹宝马,笑望着萧何。

"萧何不敢,只是此行危机重重,谈判桌不比行军打仗。其实,灞上这边,目前军心比较稳定,各级将领也都能担起责任。依属下拙见,还是由我陪您去比较稳妥。"

萧何话音未落,刘邦就笑了:"子房来了以后,大哥的心眼儿小了,你这点儿心思我早就知道了。哈哈,你们是我的左膀右臂,不过互相较劲儿才会有提高嘛!我是担心我不在家的时候,部队上这一大摊子没个说了算的人镇着,战士们知道了以后会把军营搞个底朝天。前车之覆,后车之鉴啊,当年咱们转战前线,雍齿不就顺走咱的丰县吗?"

刘邦明天舍身去敌营谈判,此去凶多吉少。暴风雨的前夜注定无眠,这灞上就是他们临时的家,只有托付给萧何这个最抵实的人,刘邦才可以心在鸿门不忧灞上。

"我懂,子房智谋独到,搞外交是他的强项,我没啥不放心的。只是项羽那家伙也不是省油的灯,你和他一起在部队多年,又一起打过仗,明天你一定要多加小心……而且一定要按我安排的去做。"

月影移墙,萧何和刘邦的手紧紧地握在了一起。刘邦故作轻松满不在乎地说:"大哥,我都记下了,要不放心,我给你背一遍?"

依计表演,刘邦示弱委曲求全

西北的天空飘过几片云彩,乌云压顶,山雨欲来风满楼。

鸿门,本是秦时的郦邑,在汉代更名为新丰,在今陕西省西安市临潼县的东北角上。名不见经传的小山村,因摊上大事儿而一夜扬名。汉军和楚军毕竟曾是一杆大旗下的兄弟连,虽然现在彼此的翅膀都硬了,也都搏击出了自己的一方晴空,可是如若有外敌入侵,大家依然可以抛开嫌隙,扛起武器拎着脑袋往前冲。这看似只是一场小小的聚会,大家在战场上打累了,暂时抛开血雨腥风,一起坐下来品品美酒、尝尝美味、赏赏歌舞,彼此间交流下这些年抗秦路上的作战心得。

瞧,鸿门宴上的贵宾们驾到了!刘邦率谈判代表团抵达鸿门,这阵容只能用强大来形容。核心成员有第一高参张良,贴身警卫员武将樊哙,马车司机夏侯婴,随从靳强、纪信。靳强和纪信都是刘邦旗下的后起之秀,未来的西汉名将。

项军旗帜迎风飘扬,楚军代表团成员围绕在项羽身边,项伯笑容可掬,范增脸色凝重。鸿门宴刺客项庄,乃项羽麾下的知名武将,精通多种武术还顶着楚地知名剑术表演艺术家的光环。项庄是项羽的堂弟,他们自小由叔叔项梁带大,一直追随项羽,楚汉战争失败后和项羽一起双双战死在乌江岸边。

刘邦和项羽微笑着走向对方,来了一个历史性的握手。千古第一宴,正式拉开序幕!

在楚营精致豪华的军帐里,各位依次就座。古代室内座次颇有讲究,项羽和项伯朝东,东道主坐在最尊贵的位置,其次是范增,然后是刘邦,最后是张良。这个座次的安排挺有意思的,刘邦作为贵客,却居于范增以下,搁一般人脸上会挂不住,但是刘邦却满脸堆笑,他不能不笑,他今天就是来给项羽赔笑脸服软的。

酒宴上摆满美酒佳肴。项羽身着戎装致欢迎词,宾主共同举杯,祝贺这一历史时刻的到来。只见项羽豪饮,范增频频劝酒,刘邦双手捧杯感谢东道主的盛情。觥筹交错声、笑语声,声声入耳。宴会披上了一层和谐的面纱,在友好和平的气氛里进行着。

可是帐内帐外两重天,营帐外那些卫兵不敢有丝毫的懈怠,生怕一眨眼,敌特分子就会混进来搞破坏。万一安保环节出了纰漏,那可是吃不了也兜不住的。卫兵手持大刀长矛,虎视眈眈地盯着樊哙。樊哙一身戎装,手持盾牌昂然而立。

刘邦对项羽举杯:"谢过贤弟盛情相邀,我先敬贤弟一杯,咱们千言万语都在酒里了。这些年我在项王旗下当差,承蒙贤弟关照,有幸和贤弟一起扛起反秦的大旗。烽火乱世狼烟不止,你战黄河北我战黄河南,聚少离多。我做梦也没想到我会侥幸地先入关中,我一直盼望他日能有机会,让你我这对异姓兄弟重聚首共诉衷情。如今贤弟驾临函谷关,我是满心欢喜难以言表。没料到我命里犯小人,他在你我好兄弟之间搬弄是非,才让你我心生罅隙。"

地低成海,人低成王。豁出老脸怕啥?人前给别人脸,自己才有脸。人生如戏全靠演技,刘邦完全按照萧何昨夜的彩排倾情表演着。

自从和项羽在同一个军营战斗,为了借力生存,为了图谋发展,他不知道对他服过多少回软,也不多这一回。

刘邦煽情地表演着,情之所至,泪就下来了。项羽本是性情中人,被刘邦的这番话感动得一塌糊涂,特别是刘邦那屈膝一跪,在人前长足了他的脸。刘邦要是和他玩儿硬的,他肯定会咬牙切齿地跟他决一死战,可是刘邦当着这么多人的面儿对他服软,他心底筑起的堤坝便轻而易举地崩溃了。

项羽不是凡夫俗子,他是威震战场的战神啊!他在战场一声吼,三秦大地抖三抖,看背影急杀千军万马,转过头吓退百万雄师。可就是这力拔千钧的战场猛男,硬是被刘邦一番花言巧语给蒙晕了。

面对刘邦的卑微和委屈,项羽情不自禁地打断刘邦的话:"大哥,这都是你那个不给力的属下曹无伤妖言惑众,散布流言蜚语。凭我们兄弟俩的交情,我又何尝愿意把事情弄到这般田地呢?"

看到项羽已经在刘邦强大的感情攻势下节节败退,甚至毫无原则、立场地把卧底都抖搂了出来，范增暗喊不妙，他频频地给项羽递眼色，暗示项羽干掉刘邦。

而项羽却只顾和刘邦推杯换盏，无视范增。

范增急得如坐针毡，无可奈何，只好采取另一种方案。他走出营帐，悄声对项庄说："小爷，咱们项王他总是心太软，现在所有问题咱们都得自己扛。考验你的时候到了，你进去给沛公敬酒，再搞个武术表演，借机干掉他。不然，我们这群人，早晚都得玩儿完。"

项庄依计而行，进帐后恭恭敬敬地给刘邦敬酒，并主动向项羽提议说："主公，军营里文化生活匮乏，也没有什么可娱乐的，属下自愿秀一把剑术给领导们助兴。"

项羽默许。

丝竹声起，项庄手舞长剑亦幻亦醉，招招舞于无形，却步步逼近刘邦。项庄舞剑，是醉翁之意不在剑，在于刘邦也。

项伯看出端倪，便借口要和项庄共舞滑入舞池，不露声色地保护刘邦，每每项庄剑指刘邦，项伯便做出大鹏展翅的招牌动作，令项庄根本找不到机会下手。

刘邦面露微笑，不动声色地和项羽对饮，其实心里暗叫："萧何，吾命休矣！不是我演不好，是他们不让我演下去……"萧何的叮嘱回响在耳畔："直面危险，拼的就是心理，玩儿的就是心术。危险来袭，哪怕你心中害怕得如万马奔腾，表面也要波澜不惊，兵不厌诈嘛，实实虚虚真真假假。"刘邦只好关掉内心的《忐忑》，改唱《我很安静》。

刘邦顶住了，可是有人却再也顶不住了。一向以沉稳老练著称的张良溜到营帐门口，对樊哙说："樊将军，沛公有危险，里面的情况对我们不利，你赶紧去护驾！"接着又安排一个心腹火速赶回灞上，向萧何密报：如果两个时辰内不见沛公和我们回去，就采取第二套作战方案，派遣特战队员集结于距鸿门两公里外的山崖处埋伏，等待接应。

这边，持戟的卫兵们叉住樊哙呵斥道："大胆狂徒，胆敢私闯营帐！"樊哙猛力推开两人，二话没说就闪进帐去。张良不动声色地回到座位上。

但见樊哙带剑拥盾闯进营帐，凛然而立，目眦尽裂地逼视项羽，卷进腾腾杀气。项羽是职业军人,他习惯性地握剑起身,喝问道:"哪路神仙?"

张良道:"回项王,他乃沛公参乘樊哙也。"参乘,用现代话讲叫警卫员,古代人驾马车,往往车夫在左,握住马缰绳,参乘在右,手持刀剑,其实这个职位的危险系数很高。每每刘邦出行,一定是由夏侯婴亲自驾车,樊哙就坐在副驾驶的位置保护刘邦的安全。

项羽近距离打量着樊哙临危不惧、大义凛然的暴怒模样,不但没有叫人拖他出去斩立决,而是把剑收回剑鞘,赞叹道:"好,给壮士赐酒!"樊哙拜谢项羽,起身一饮而尽。

项羽又道:"赏一条猪前腿。"樊哙以盾代桌,以剑代刀切开那半生不熟的猪腿,大口咽下去。项羽的剑眉略挑,问道:"壮士,你还能再饮酒吗?"

樊哙立起身慨然道:"在下连死都不怕,区区一杯酒难道还能推辞吗?将军,这个场合,本轮不着我一个小小的参乘在这里大放厥词。说句我不该说的,秦王虽然一统天下功不可没,可他有一颗虎狼之心,一生杀戮无数,恨不得用尽天下的酷刑,唯恐杀不尽天下人。民怨由来已久,天下的百姓都被迫起来反抗他。当初,楚怀王和各路起义军有过'先入关中者为王'的约定。我们家沛公乘着项王您反秦的东风,九死一生屡屡击败秦军,率领兄弟们先入咸阳。不是我给我们家领导歌功颂德,全咸阳百姓的眼睛都是雪亮的,秦王所有的家当,我们家沛公都分毫未动,全都打包给您封存着呢!他命令第一时间关闭城门,当天就率领部队退守灞上,他念着你们的兄弟情,一心一意地在恭候您的到来。虽然,领导们总是讲反秦不分先后,不论功大功小。可是我们沛公的确是劳苦功高,可最后他又得到了什么?封侯赏赐统统没有,最让他寒心的是,您却偏听偏信了无耻小人的谗言。说句大逆不道的话,您没有调查取证就妄下断言,要杀掉为了反秦大业舍生忘死的人,不过是步秦始皇的后尘罢了!"

项羽不说话,樊哙又补充道:"容末将再赘言几句,沛公派人把守函谷关,不是拒您于城外,而是担心在这非常时期,盗贼和不法分子趁机进城扰乱关内秩序,妨碍您的大驾光临。"

樊哙的演说出乎所有人的意料，在鸿门宴上拔了头彩。

明眼人一看，无论是刘邦还是樊哙的表演，都有太明显的培训过的痕迹，按刘邦的性格，他不是那么容易就妥协的人。而他和樊哙的表演又是那样恰到好处地吻合，有统一口径的嫌疑，别问，这都是这出大戏的幕后导演萧何昨夜先彩排，今天又现场直播的结果。

且看直播按照萧何导演的剧情一直在继续！

樊哙这一番话不卑不亢，明里是恭维项羽，暗里是为刘邦辩护。樊哙故意把项羽抬到了王的高度，这马屁拍得不露声色，却让项羽心花怒放。

营帐里弥漫的杀气渐渐散去。项羽淡淡地说了句："坐吧！"樊哙跪谢，在张良身边坐下，大家一起举杯共饮……

这边刘邦伙同张良和樊哙趁上厕所的机会一起溜了出去。樊哙低声劝道："沛公，咱们脚底抹油，撤吧！此时不撤，更待何时？"

刘邦迟疑不决道："可是，我现在离席，还没有和主人告辞，这可怎么办啊？"

樊哙斩钉截铁地说："沛公，做大事的人不必太在乎这些无关大局的细枝末节。现在都火烧眉毛了，犹豫不决会错失逃命的良机。如今他们是刀和砧板，而我们是只能干瞪着眼任人宰割的鱼肉，又何必再去告辞呢？"

张良也是一脸焦急："樊将军说得对，三十六计——走为上策。"

刘邦果断地说："好吧，再不走，我真的死定了！"

刘邦来的时候带了百余人，一起逃走会因目标太大而暴露，于是决定他一人骑马，樊哙、夏侯婴、靳强、纪信全部弃马疾步跟随，掩护他撤出敌营。刘邦率领这几个鸿门宴的核心成员抄小路撤退。

从灞上到鸿门之间的每一条路，萧何早就派侦察兵摸了个底朝天，知己知彼百战百胜嘛。

另外，刘邦逃得再急，也没有忘记萧何的安排，他依计留张良善后，并嘱咐他把带来的玉璧送给项羽，玉斗送给范增。人遁了，礼节还在，礼多人不怪嘛！

刘邦在以樊哙为首的特战小分队的掩护下钻入丛林中，看到路牌

第十六章 精心彩排：赢在转折点

提示已出鸿门地界后，长长地舒了口气。他屈指一勾，一声响亮的口哨声响彻山野，他狡黠地笑道："项羽小哥，不要怪我太坏，是这个世界不给我做好人的机会呀！"

只听到对面传来三短一长的口哨声，夏侯婴他们低喊着卧倒时，刘邦却瞥见了萧何的身影，他一身戎装披挂整齐，手挽缰绳越发显得英姿焕发。自从那年他弃笔从戎步入军旅，他早已历练成一位能文能武的指战员。他看到刘邦后，立即催马向他奔来。

千古第一宴因刘邦的成功脱逃，很快地进入了尾声。

张良估摸刘邦已经顺利地回到灞上后，才返回项羽的营帐。看到三个贵客只回来了一个，项羽有些懵懂地问："沛公人呢？他现在在哪里？"

张良一脸歉意，毕恭毕敬地答道："回项王，我们家沛公不胜酒力，不能当面告辞，已经回去了。我受沛公之托特意给您献上白璧一双。"说着张良对项羽行了大礼，俯身拜了两拜，然后又向范增献上玉斗。

放走了刘邦这个冤家对头，给未来的楚汉战争埋下了定时炸弹，项羽对着灞上的方向叫嚣着："刘邦，你跟我玩金蝉脱壳，老子很生气，后果很严重！"

鸿门宴，缓缓地落下了帷幕。

老谋深算百战百败的刘邦在这里赢了心无城府的项羽一回。

鸿门宴里最可怜的要数曹无伤了，本想着出卖领导去项羽那里狠狠敲一笔，以后给项羽做个职业卧底，赚点儿碎银子花花，没想到他还没卧下，就让项羽给抖了老底儿。当项羽对刘邦爆料出卖他的人是曹无伤时，刘邦是笑而不语，可返回灞上后的第一件事儿，就是把曹无伤串成了糖葫芦。自古叛徒没有好下场，所以说，跟着领导混，你可以不聪明，却不可以有二心啊！

第十七章

韬光养晦：无限风光在险峰

论功行赏，面对不公平的待遇

鸿门宴闭幕之后，刘邦为保存实力退出函谷关，项羽率领部队堂而皇之地开进函谷关占领咸阳，自封为西楚霸王，甚至假借楚怀王的名义，分封十八路诸侯。

项羽高居庙堂之上，着实过了把帝王的瘾，他把关中和陕北劈成三块儿，分给了巨鹿之战的手下败将章邯和另两位秦朝的降将董翳、司马欣，并分别加封他们为雍王、翟王和塞王。三秦是富庶之地啊，却分封给了败军之将。项羽这次的分封比较有创意，却分明存在着许多不合理的地方，榜上有名的诸侯们十有八九是心生罅隙。当初被册封为九江王的英布，后来就投到了刘邦麾下，成为汉初三大名将之一。

分封大会一结束，底下是一片哗然。当然项羽早已离去，这霸王的威严还是没人敢当面挑衅的。

而这十八路诸侯中，刘邦最为落寞，是一百个不乐意，一万个不情愿。刘邦名义上是从沛公晋升为汉王了，可是他管辖的封地却是巴蜀和汉中，建都南郑，秦时那可是荒蛮之地，扔下块砖八百里地砸不着个人影。

刘邦越想越郁闷，毕竟他最早入咸阳，现在竟然有种无颜再见江东父老的感觉了。这些年不容易，从离开沛县那天起，兄弟们就撇家舍业地跟着自己东征西讨，大家把性命拴在裤腰带上，提着脑袋四处拼杀，不就是为了有一天能有自己的一亩三分地,能当家做主站起来吗?

项羽把他打发到这见不到人影的鬼地方去,赐他这双水晶小鞋子穿,明摆着是在压制他,生怕他的队伍发展壮大起来,拂了他的面子抢了他的地盘。刘邦虽然心有怨气,可又不便发作出来。和领导硬碰硬,首先你得有降伏领导的本事,如若没有,千万别自己上门找死。

刘邦郁闷地回到营帐,就这么一五一十地把分封大会的内容传达给大家。他脸色铁青,慷慨激昂道:"项羽开会时直接把生米煮成熟饭了,真是高看了俺刘邦一眼,还封了个汉王。说什么义结金兰的兄弟,这不是欺负人吗?俺今天要和他项羽恩断义绝,不共戴天!众位兄弟,有不怕死的这就跟着俺抄上家伙什儿冲出去,一起去削了这个无情无义的王八蛋!"说着就装模作样地往门外冲,煽情之处连声都哽住了,他一把鼻涕一把泪地诉说当年跟着项梁、项羽爷儿俩有多么的委屈,他们驰骋沙场生生死死多少回了,劳苦功高算不上,但也不能混得比降将都差啊!

本来像樊哙、夏侯婴、周勃等人一听刘邦被封了汉王,要发配到人迹罕见之地,都义愤填膺要群起鸣不平。话还来不及说,只听刘邦大骂项羽,紧接着又见刘邦从腰间抽出佩剑就要去和项羽拼命。大家忙蜂拥着上来拉住他,你一言我一语地好言相劝,让他先消消气再商量对策。

刘邦眼一闭心一横,还是拔剑要往外冲:"你们都别拉我,让我去剁了他干净。"他这么一闹腾,众将反而不好真去找项羽算账了。

樊哙说道:"沛公,那咱们该怎么办?是接受分封,还是另谋高就?"

夏侯婴也跟着说:"是啊,咱们真的要去那荒蛮之地吗?听说那汉中连鸟都不愿光顾啊,荒草野坡的连条像样的官道都没有,咱们难道要做第一批垦荒者吗?"

"凭什么让咱们去啊?听说那地儿穷山恶水还出刁民,去那儿坐天下,比别人多费多少财力、物力、人力啊?"曹参也忍不住起来抗议了。

见好就收,劝领导保住胜利果实

坐在门边看戏的萧何禁不住莞尔,看刘邦的戏演得差不多了,他放下手边的杯子,向前几步屈膝行大礼道:"汉王在上,请受微臣一拜!"

萧何这一叩拜,大伙儿直接惊怔住了,一时间屋子里反而寂静无声。

真乃俊杰也,当年他力挺刘邦为沛公,如今在一片争议声中,他又第一个施大礼叩拜,高呼刘邦为汉王。只听他道:"汉王息怒,请听萧何一言。咱们这样蜂拥而去,和项羽争个短长是徒劳无益的,用您的话来说,如今生米都煮成熟饭了,饭也都盛到各人的碗里了,你再说硌牙不吃要倒掉,这不是明摆着不给他面子吗?这么做不仅会让我们重新陷入被动的境地,还会刺激其他诸侯撺掇着项羽瓜分您的封地。本来是您吃了哑巴亏,这么一闹倒像是您图谋不轨似的。依臣看咱们好汉不吃眼前亏,这次分封是不公平,但我们无法改变。可是事已至此,不以我们的意志为转移,最好的办法就是面对现实接受分封,举家移民巴蜀,权作咱们响应号召开发落后地区,边塞也需火种来点燃嘛!"

萧何是一个活在当下的人,搞励志演说也有两下子,他瞅着大家一个个无精打采的样子,继续说:"人人都愿意往高处走,可是如今高处不让咱走。这事儿明摆着是项羽受了那些坏人的挑拨,此时他们正愁找不到借口灭了咱们,眼巴巴地等着咱们咽不下这口气,傻不拉几地往刀口上撞,他们好隔岸观火坐收渔翁之利呢!一时冲动,后患无穷,咱不能自己挖个坑把自己给埋了啊,咱偏不让他们如愿!"

大家聆听萧何的教导,整个营帐里鸦雀无声。

刘邦注视着萧何的配戏,心里不由得感叹,自己唱白脸儿,他就知道唱红脸儿。刘邦点点头示意他继续。

萧何注视着刘邦说:"自西征以来,咱们也是兵困、马乏、人累,咱们正好需要一个地方来整顿休憩。那巴蜀和汉中虽是穷乡僻壤,却未尝不是一个好地方,地广人稀物产资源一定丰富。只是没人愿意去那里受苦受累,可是咱不下地狱谁下地狱?一个想成大事的人,得忍受当前的种种不如意,特别是汉王您,当初反了现在也打了,大风大浪都过来了,啥委屈您没经历过啊!您不是常教导我们说,只有委曲求全才有生的希望吗!忍耐并不代表我们软弱,而是要在忍耐中积聚新的力量伺机而动,这才是上上策。不管汉中有多艰苦,臣都愿意跟随汉王前往,为您做一个反秦先驱,做巴蜀和汉中第一个吃螃蟹的人。"

刘邦不禁从心底佩服萧何,知他者,唯萧何是也。他在努力说服自己,不要拿鸡蛋去碰石头。如今的形势很明显,就是敌强我弱,刘邦就算真去和项羽火并了,他的军队恐怕也很快就灰飞烟灭了。一个真正的军人没有死在敌军的刀下,却倒在一起出生入死的兄弟手里,传出去真叫人笑掉大牙。刘邦本就不愿意前去,他作为领导怎能由着自己的性子带着手下的兄弟们瞎胡闹?

有一种胜利叫撤退,有一种失败叫占领,萧何苦口婆心的劝说他怎能不懂。刘邦是生怕众位将领和兄弟们咽不下这口窝囊气,才装模作样地演了这么一出,没想到他们还真入戏了,只有萧何知道他葫芦里要卖啥药,还替他把下一步的工作计划都制订好了。

瞅着各位将领的脸上都开始阴转多云、多云转晴,萧何更加慷慨激昂地发表演说,权当是向西部开拔的出发总动员吧!他说:"世上没有过不去的火焰山,自古事在人为。咱们都要把眼光放得更长远些,要敢于做别人没有做过的事。到时候咱们把部队开过去后,要勒紧裤腰带过点儿紧巴的日子,想方设法让当地的老百姓先富起来。比如咱们出资发展下当地的农业、林业、牧业等,或者就地取材上山开个矿凿个石。创业的最佳途径不就是超越和创新嘛!老百姓看到了好处,再让他们自动入股,逢年过节分个红利,大家尝到了富裕的甜头,能不说咱们的军队好吗?到时候民心所向,都会夸汉王您治理有方,拜倒在您的麾下啊!

"别人以为咱们下了地狱,这辈子都甭想翻身了,可咱们把封地经营得红红火火的,指不定那些有志之士就会主动投奔到咱们的地盘上来。到那时,咱们兵强马壮,瞅个机会杀他个回马枪,把三秦给夺回来,还愁天下不是咱们的吗?"

穷则思变,靠天靠地,也要靠自己。眼下萧何正是在给刘邦手下的兄弟们洗脑,动员大家放下包袱开动机器,做好吃苦受累的思想准备,择日开赴封地。当兵的人不拿刀剑却要扛起锄头学种田,一时间很多人都转不过弯来,萧何就给他们做思想工作,饿死解散不是出路,自己动手克服困难才能自救。还别说,经萧何这么一鼓动,大家伙还真就感觉灰暗的前途瞬间柳暗花明了,美好的明天在冲他们招手呢!

巧避锋芒,不与对手正面冲突

别看萧何平时话不多,但一开口则绝无废话,句句板上钉钉,字字都有分量。他从政的本事,刘邦清楚,曹参清楚,樊哙、夏侯婴更清楚,他能主动动员刘邦退一步,全体移民巴蜀。但这一定不是一时心血来潮,定是他充分领会了刘邦的会议精神、分析了当前的局势,再三斟酌而定的主意。

刘邦没有分到富庶之地本来感觉很没面子,又不好明里和项羽一争高下。这下萧何和他默契地一配戏,刘邦不仅没有失一个领导、一个男人的气魄,反而硬气了一回。虽然刘邦这一步棋貌似走得差强人意,可是他懂得必须要接受不可避免的现实。但这并不代表刘邦束手就擒,只要有任何奋发图强的机会,刘邦就是打不倒的"小强"。

萧何这辈子算是跟对了人,他亲手培养起来的领导,比以前更加成熟稳重、更加腹黑了。人在官场,当我们发现情势已不能挽回的时候,最好的办法就是面对现实向前看,先求自保,后求自强,再求发展,这样才能在官途掌握好平衡。

萧何这人心态极好,包括在沛县给那个昏庸无能的县太爷做秘书时,他从不抱怨生不逢时,从不抱怨自己怀才不遇,从不抱怨处境恶劣,而是走哪山砍哪柴,任劳任怨地做好自己的事儿。他坚信人定胜天,命运是由自己主宰,而不是掌握在别人手中。

其实大家混社会、混江湖、混官场、混圈子,要学习萧何好榜样,学习他绝不抱怨的好心态。萧何总是开心地想,我怀才有遇啊,别人怀才,靠遇别人来证明自己。遇不上就郁郁寡欢、慨叹世道不平、社会不公、造化弄人。而我怀才一切都是靠自己,所以永远都不存在怀才不遇这一说。萧何这一生一直都是自己给自己创造机会。与其每天巴巴地盼着领导能够重用你,还不如先学会自己重用自己。先把自己当个人,别人才能把你当个人,连你自己都只拿自己当根草,那别人只会觉得你更加渺小,把你踩在脚底下。

人格是做人的品牌。萧何从一踏上工作岗位就一直努力在打造自己的个人品牌。他拥有自己独立的品牌,有自己的细节和特色。他的言语能服众,他的行为能动人。但他为人非常低调,波澜不惊地任职于大秦沛县的县衙。直到遇上刘邦,从此无论跌入谷底还是冲上云霄,人生的每一次起飞和降落都与刘邦息息相关。

他能笑对风雨,即使身陷地狱也永不言弃。历史没有偶然,看似侥幸,实则必然。人家刘邦过去是混混、是痞子不假,但一个员工总盯着领导不太体面的过去,你就不会受到领导的器重,更不会有了不起的未来。在萧何的心里,刘邦是最优秀的可塑之才,是将来能成领袖的人,他是自己生命里的奇迹。不是有话这么说吗,不相信奇迹的人,永远都不会创造奇迹。不管你们信不信,人家萧何信了,所以人家赢了。

萧何在挺进封地的动员会上一番激情演说,最末了他说:"待咱们的队伍发展壮大了,将来绝对要还定三秦的,和群雄争霸一比高下,鹰击长空咸鱼翻身,到那时再问苍茫大地,看究竟谁主沉浮?"

萧何是一个高瞻远瞩的谋士,他的眼光从不是只瞄得见眼下咫尺之地。他清楚地看到一个残酷的现实,他所在的团队这些年因连年征战,兵员损失严重。如今这个团队即将启程赴边塞,新的历史发展时期需要新的人才不断地补充进来。团队之间的竞争说到底就是人才之争,他得四处为领导打听着搜罗人才,急领导之所急是每个为人臣子的本分。

刘邦大军原地进行短暂的整编,军事驻地一片忙碌。就要启程了,萧何忙里忙外地在检点装备,破家值万贯不能落下一丝一毫。长枪短炮、刀枪剑戟,都舍不得丢掉。士兵们则忙碌着拾掇行装,给马匹添足草料。

刘邦站在帐前,远远地望着萧何忙碌的身影,一曲雄壮的歌曲在苍茫宇宙间唱响:莫道是沧海桑田多变化,到头来楚河汉界由谁划,只听那大风起兮云飞扬,安得猛士守天涯……校场上,军旗猎猎随风招展,军容整齐的士兵列队而立。汉王刘邦披挂整齐,站在高高的台阶上。朔风吹动他战袍的一角,他手一挥正式给诸位将军和同人加官晋爵。不管张三、李四、王五、刘六人人都有份儿,个顶个头上加冕,罩上闪烁的光环,队伍里掌声雷动,一片欢呼声。正是在这个很正式的场合,刘邦宣布萧何为丞相。刘邦集团日益强大,每个成员都跟着受益,当初所讲的"有福同享,有难同当"并非一句空话。

第十八章

伯乐识马:不拘一格笼络人才

善于交往,妙用人力资源

萧何,跟随汉王刘邦率军昼夜兼程,一路车马劳顿终于到了南郑。放眼南郑,山路十八弯气候恶劣,城镇一片萧瑟,街上连家像样的店铺都没有,犄角旮旯里时不时冒出抄着双手晒太阳的老百姓。南郑,这不是一方热土,而是一片贫瘠的黄土地,条件之艰苦超出了自己的想象。萧何是个适应性很强的人。南郑再穷再不好,也是自己的地盘了。而眼下他更清楚,虽然结束了随军颠沛流离的艰苦岁月,却又开始了陪着领导建设新地盘。

刘邦因为一路上跑路的士兵增多而恼火,在营帐里咆哮:"这一路跑了多少士兵,你们心里都有数,别以为我真是睁眼瞎,以后谁的队伍再有无故溜号的,拿你们的人头是问!"

萧何少不得又要百般宽慰他:"汉王不必烦恼,人各有志,咱们不能强求,眼下咱们首要的任务是安顿好军队,吩咐各级指挥员,把战士们的思想工作做好,其次是深入当地乡绅和群众中去,熟悉当地民风、民情,了解百姓的生活情况,先把南郑治理经营好,只有咱们的事业做大做强了,才会引来金丝鸟。"

萧何这边要喂给领导宽心丸,那边得投入烦琐的工作中去。

万事开头难,但对他来说是轻车熟路,只是比从前的日子忙碌了很多,以前的格局是一个县,现在的格局是天下。对于寻常百姓来说,好日子就是有衣穿、有饭吃、有田种,一家老少平平安安地度日月。

每天都埋在一大堆卷宗里,早来晚走废寝忘食。繁重的工作容不得萧何有半丝半毫的懈怠。那些他从秦朝档案馆里淘来的宝贝史料文献,终于有机会翻出来晒太阳呼吸新鲜空气了。物质的匮乏并不可怕,知识才能改变命运。眼下最重要的是解决温饱问题,让这片土地上的老百姓在最短的时间内脱贫致富。

萧何精通法律又有经济头脑,果然是丞相的不二人选。他绞尽脑汁苦思冥想,南郑的地理位置有哪些优势和劣势,怎样搞好军民关系,如何规划未来五年的发展蓝图,国民生产总值能翻几番,需要几年才能赶上三秦现在的发展水平?最重要的是啥时才能把三秦这样的风水宝地,圈到大汉的地理版图上。

大汉集团要发展壮大,需要有个性的军事指挥人才。而连年的征战刘邦也损兵折将,萧何所掌控的人才储备库资源匮乏,这不能不让萧何头痛。刘邦再优秀,总不能让他变成光杆儿司令啊!

不是萧何渴望战争,而是战争一直都没有走开。放眼周边各国,形势不容乐观。有智谋有权谋的高级领导干部到底不同于一般人,精于谋略的同时更注重未雨绸缪。

如今天下被瓜分,划片而治,诸王内心的不满假以时日一定会爆发。到时势必内战不断,无论是何种战争形式,归根结底都是人才的战争。自古做大事的人,都是先争人才,后争天下。萧何在处理日常政务之余,总是在琢磨着怎样给刘邦多搜罗人才,以备战时之需。

窗外,有马蹄声由远及近,萧何不禁哑然失笑。夏侯婴这小子,夜猫子进宅无事不来。他原来早就贼兮兮地盯上刘邦的那几匹汗血宝马,想方设法据为己有以后,就常来萧何这儿显摆。每每来支使本丞相帮忙遛马就明说吧,可他还厚颜无耻地说:"丞相大人啊,您天天日理万机忙公务,可得注意脑力劳动和体力劳动相结合啊!久坐对身体也不好,要是身体亚健康了,怎么为咱们的大汉服务?要不俺载着你到旷野里兜兜风,呼吸一下新鲜空气换换脑子吧!"

萧何和夏侯婴本是沛县的老相识,同饮一方水的乡里乡亲,早年又同在沛县基层工作,一起追随刘邦后又互相帮衬,因此结下了深厚的战友情谊。他们是一个战壕里出生入死的兄弟,又是领导和属下,关系如大树盘根错节般密不可分。政治集团高层间互相牵制的亲密关系,就这样互相搅扯着得以炼成。

萧何差点儿被夏侯婴撞倒,他笑着说:"现在都是腾公了,怎么还这样端不住架儿没个正形四处瞎跑,有啥吩咐差个人来禀报一下,俺亲自过去就完事了。"萧何被刘邦任命为丞相时,夏侯婴也光荣晋升为腾公。但是不管他头上的光环如何变换,其日常工作依然是汉王刘邦的马车司机加跟班儿。

别看夏侯婴结结巴巴的,但一脸的兴奋之情无法掩饰:"丞……丞相大人,俺发……现一个怪人,很好玩很给力……要不要认识下?"

萧何眼前一亮,大脑迅速搜索着。昔日在沛县的时候,夏侯婴和县衙的同事们下乡调研,就被刘邦恶搞了一顿,回来后还说刘邦那个人很好玩儿很有趣等。人在高位依然不改童心,萧何又一次被夏侯婴给勾起了兴致。

夏侯婴牛得很,识人的眼光也够毒,一认一个准。要不是他牵线,可能萧何这辈子跟刘邦都没有交集,历史也不会是今天的模样。萧何更是按捺不住好奇心,他确信能引起这位腾公兴趣的人定是个很有意思的主儿。

兵仙驾到,韩信移步大汉舞台

历史上最杰出的军事家、指挥家、战略家,"汉初三杰"的最后一位主角,集"王、侯、将、相"于一身的韩信正式移步历史舞台。

韩信,现江苏淮安人氏,同样出身于社会最底层,性格肆意妄为,行为不拘小节,颇有刘邦年轻时的风采。这种性格的人难以入仕为官,也不是块做买卖的材料,只能依靠别人的清汤寡水勉强糊口,时常是吃了上顿没下顿。韩信倒是没有和刘邦一样,纠集一帮小痞子整天混社会,而是有事没事就佩刀携剑,装模作样地游走在乡间的小路上。那天,韩信的母亲去世了,本来他一贫如洗,就差要插上草签卖身葬母了,可他却别出心裁地找到了一方宽敞的坟地来安葬其母。当时正在乡下调研的南昌亭长听说了韩信的事儿,断定他绝非凡夫俗子,就邀请韩信做了他的门客。这门客也分为很多等级,最低级的门客只能在主人处求个温饱,而最高级的门客吃的是鱼肉穿的是绫罗绸缎,出门还能以车代步。而韩信连最低的级别都达不到。这位南昌亭长是个妻管严,每到开饭的时候,这亭长老婆都不给韩信准备饭食,从不把他当自己人。韩信很没面子,愤然离去。

韩信离开亭长家后无钱度日,只好天天去城门外的小河边钓鱼。他这钓鱼可不是风雅之士闲来垂钓浅兴消闲,而是为了碰碰运气。万一老天爷开眼照顾照顾他,或许能有几条鱼上钩,让他拿到集市上换几个零钱维持生计,这样他就不至于活活饿死。这样的谋生方式太不靠谱,韩信三天两头饿得前胸贴后背,两眼冒金星。

当时小河边还有很多以洗衣为生的老婆婆,就是所谓的漂母。有一个老婆婆很同情韩信的遭遇,自己节衣缩食却时常周济韩信,给他饭吃。走投无路的大男人自然是感激涕零,韩信对这位老婆婆说,如果将来我有所建树,一定会好好报答您。老婆婆不以为然,她说我并不求你的回报。后来韩信屡立战功被刘邦加封为齐王后,便时常让手下给那个老婆婆送酒送肴,并送她黄金千两。给我们留下了"一饭千金"的故事美谈。

那年县城里有个屠夫,看韩信不顺眼,就对他说:"别看你长得人高马大的,不过是一个胆小鬼纸老虎罢了。"甚至当众羞辱他说:"你要是真不怕死就拿剑刺我,你要是怕死就从我胯下爬过去!"围观的群众一片哗然,谁都不会想到韩信竟然很认真地打量了那屠夫一眼,匍匐在地然后从那个人的胯下爬了过去。这下没有人不嘲笑韩信了。可笑他的人都不明白,当一个人的实力和对手不相当时,要受得了胯下之辱,才是自保的好办法。

陈胜、吴广打响反秦一枪后,韩信看到了希望之光,义无反顾地前去投奔了项梁,做了一名不起眼的小兵。项梁阵亡后,他又跟随项羽。项羽并没有重用他,反而让他做郎中,韩信多次献计献策,均被项羽无视了。

好在韩信不是死心眼儿,没在项羽这棵大树上吊死。恰逢刘邦的大军这时正在开进巴蜀的路途中,韩信知道消息后,便顺应大潮流,投靠到刘邦的队伍里来了。

办公室外的长廊里，萧何在日理万机的间隙，听夏侯婴手舞足蹈地讲述了他偶遇韩信的精彩过程。

原来夏侯婴亦是个爱岗敬业的好干部，对工作是兢兢业业，从不虚度光阴，善于大胆创新。那天，他在训练两马拉一车，不知道这两匹新进的宝马是彼此间性情不投还是天生犯相，任凭夏侯婴折腾得浑身冒汗，它们就是不肯合力拉车，这匹马扬前蹄长啸，那匹马踢后腿悲鸣，可难为了这职业的驾驭手。要不是他这些年积累了丰富的经验，非得让这俩宝贝给整得粉身碎骨不可。夏侯婴是专职驯马师啊，这些骏马是他的至爱，他怎舍得扬鞭鞭打它们呢？这下可好，马车颠簸着狂奔了好几里地，跑到刑场上来了。

夏侯婴拼全力拉缰绳拽住的瞬间，却看到那边正待枪毙犯人，不知道哪个战士触犯了军规被长官处了极刑。他低骂这两个宝贝不长眼，怎么就把主人给拉到这么不吉利的地方来了。

突然听到法场那边的犯人冲着夏侯婴高喊："汉王，您不是想称霸天下吗？为什么要杀了我这样的勇士？"

夏侯婴心里一惊，一来惊诧于这厮竟敢在光天化日之下口吐狂言。刘邦想和项羽一争天下这样的军事机密，只有他这样的军队高层管理人员才清楚，怎么一个即将被处死的最底层的小士兵也知道？二来他都死到临头了，却毫无惧怕之色，还惦记着刘邦争霸的大事？

夏侯婴厉声喝住行刑军官，打量着即将被执行枪决的韩信，虽然一身破旧的囚服在身，但依然遮掩不住他体态的魁梧和挺拔，一双虎目炯炯有神，看上去威武霸气，百分之百帅哥一枚，适才他的谈吐貌似有怀才不遇之委屈。

夏侯婴也顾不得他那正在刑场上撒欢的两匹宝马了，笑着对那位行刑官说："兄弟，你看我那宝贝座驾在狂奔呢，那可是从外地进贡来的稀罕物种，你去帮俺笼络下，俺想和这位帅哥扯几句。"这行刑的军官也是见过世面的人，能拥有这种宝马的八成是腾公，他屁颠屁颠地领命而去。这夏侯婴就和韩信席地而聊，这不聊则已，一聊就聊了个天昏地暗，难舍难分。

萧何听得入了迷，一直没插话，生怕打断了这位口才欠佳的滕公讲故事。他把夏侯婴的宝贝骏马拴大树边上，问道："那后来呢？这韩信现在在何处啊？"夏侯婴拽萧何坐空地上，兴奋之情难以言表，继续结巴下去。

夏侯婴说那天直接把韩信带回了军营，自己跑汉王那儿汇报今天的奇遇。夏侯婴一激动反而更加结巴得颠三倒四，他只是反复对刘邦说，他今天邂逅的这个韩信很好玩儿，很给力。至于韩信自从入伍以来，军事技能考核多少分，有什么强项？枪法好不好？剑术精不精？夏侯婴却都没表述出来。

刘邦瞅着夏侯婴那结结巴巴的样子就直偷笑，他瞪着他问："怎么这么大个人了，都是王的司机了，还这么幼稚，从刑场上捡个人犯来就如获至宝了？"

刘邦被夏侯婴死缠烂打缠得没法，又听他结巴着说不出个所以然，为了让两个人都不受折磨，就顺口答应了他的请求，把韩信留在了汉营，又怕夏侯婴没脸面，还给韩信封了个正团级的粮草官。

可刘邦实在是没瞧出这韩信有什么过人之处。但中国自古就是人情大国啊，级别多高的领导也得有人情往来。夏侯婴举荐个人，刘邦能不答应吗？无非就是多发一份军饷而已，如今家大业大的，也不在乎添双筷子加个碗，多张嘴吃饭。

萧何乐了，他站起来绕着夏侯婴转了一圈儿，把他打量了一遍："看不出来啊，滕公的脸面比磨盘还大，神经兮兮地从刑场上鼓捣个死刑犯回来，就能封个正团级啊？汉王他老人家就是偏心眼儿，不行等哪天俺也要去打靶场，看看能不能撞见个张信啊、王信啊，到时俺也举荐给汉王让他给封个弼马温什么的。"

夏侯婴大笑，作势踹了萧何一脚："萧大丞相啊，您这话可千万别让张良听见，他要听见非跟你急不可。"

"不闹了，说真的，不怕你是金子深埋在土里，不怕你是人才隐居在陋巷，只要你有真才实学，哪怕生活在最基层，做着最平凡的工作，总有一天，你会金闪闪璀璨一片天空的。"

看萧何除了逗趣就是讲大道理，夏侯婴更是急了："我说萧大丞相啊,汉王他听您的,您去跟他美言几句吧,韩信在项羽那边郁郁不得志,来咱们这里还是坐冷板凳,其实不怪他不爱岗敬业,是他的专业根本就不对口嘛!人家凌云壮志地投奔到咱们队伍上来,让他这么一个有军事特长的人去管后勤,这简直就是风马牛不相及纯属人才浪费嘛!你想啊,这等于明明是高射炮,却苦逼地用来打蚊子,能打蚊子也就罢了,偏偏连蚊子也不让打,拉小提琴的硬是让他去喂马,舞刀弄枪的让他做文书。"

萧何这才知道被腾公慧眼识才救下来的韩信,只被刘邦封了个粮食口的小官,美其名曰"治粟都尉"。

萧何见到韩信,果真如腾公所言,相貌威武谈吐不俗。三人小坐,萧何与韩信相谈甚欢,有酒逢知己千杯少的感觉。他断定这韩信的确不是等闲之辈,如夏侯婴所说,真英雄一身是胆,而且颇有见识与智谋,特别是在军事指挥和实战方面。

如今刘邦的千古大业根基未牢,各种军事复合型人才欠缺。萧何每日是绞尽脑汁,四处为刘邦搜罗人才。赶巧了,有人才来敲门,真是踏破铁鞋无觅处,得来全不费功夫。韩信此乃天降将才也,如果为汉王所用,将来一定能为大汉争霸天下扫平障碍。

一个顶级的人力资源主管,不仅要有敏锐的观察力,还要有准确的判断力,能在摩肩接踵、人山人海的求职大军里,捞出自己需要的千里马,让人才为他的团队所用。

萧何认定这韩信是匹好马,是把打仗的好手。他多次向刘邦举荐,无奈刘邦根本没把这事儿放在心上。夏侯婴耍孩子脾气认为捡来个宝贝也就罢了,如今萧何竟也跟他穿一条裤子,刘邦心里这么想,口里应下后,就撂一边去了。

刘邦不是不惜才的领导,其实他派侍从去新兵连调查过韩信的简历和他入职以来的考核成绩。这个新兵蛋子,三个月集训都没过去,没看出他和别的士兵有啥不同,更没看出那两位左膀右臂竭力推荐的人哪里是个奇才。后来韩信为大汉团队创下无数辉煌战例,可在相识之初,韩信却愣是没入刘邦的法眼。这事儿才被搁置了。

这时的南郑百废待兴,生活条件艰苦,军心不稳,每天都有士兵偷偷地逃离这个鸟都不拉屎的鬼地方。

韩信来汉营已久,虽然得到了夏侯婴的赏识后,讨得了这卑微的官职,萧何贵为丞相也惜才举荐,可是他依然不得重用。跳槽本来是为了找一个更适合自己发展的大舞台,展示自己的军事才能,可事情过去两个月之久,韩信依然没有盼来被提拔的好消息。他的理想被埋没在汉营的粮草堆里,像干枯的稻草,等待被风干。注定是如跳棋一样的人生,那就再跳吧,所以韩信又跑路了。

谱写人才佳话,萧何月下追韩信

突然有个卫兵闯进萧何的办公室:"丞相大人,韩都尉跑了!"萧何从一堆案卷中愕然抬头问:"跑哪儿了?"说着从墙上摘下佩剑,冲出门去。这个卫兵急得直跺脚:"丞相,还没有禀报汉王呢!"萧何策马而去的身影已消失在辕门外。

部队里跑路的士兵日益增多,让刘邦焦虑万分。这不,他黑着脸一顿雷霆霹雳,抽出宝剑拍在桌上:"以后再有无端跑路的,拿你们的首级是问!"众军官一个个噤若寒蝉,不停地抹额头的汗。

给萧何报信的那个卫兵慌慌张张地闯进来:"报……报告汉王,韩信跑了,萧丞相也跑了!"

"什么?不可能!"刘邦咆哮着风度全无,他把案上的佩剑、文件全都胡噜到地上,狂吼着:"去给我找,统统给我找去!就是把汉中翻个底朝天也得给我把萧何找回来!"

萧何怎么会在他创业举步维艰,一统天下的梦想还没实现的时候,就抛下他决然离去?哪怕有人说樊哙他们嫌弃南郑条件差,部队军费补给不足,半路撂挑子不干了,他刘邦都能体谅,可是说他的萧何逃跑了,打死他也不信。

刘邦的心碎得跟饺子馅似的。伤心绝望之余,他又暗下杀机。纵使真的找不回萧何,也要抓到那个该死的韩信,把他千刀万剐碎尸万段。事情咋就会这么巧,韩信跑了,萧何也跑了,这其中必定是有干系的。

萧何真的是追韩信去了,他走得匆忙没来得及和刘邦汇报,他路马不停蹄地边跑边问,天色渐黑时他还没有追上韩信。

原来韩信一气之下跑出南郑,一路向北进了褒谷。褒谷又名褒斜道,本是秦岭山脉中的一条山谷,贯穿整个关中平原和汉中盆地,南口被称为褒,北口被称为斜,全长约二百三十五公里。这里地势险要,崖壁林立,山间溪水潺潺,从战国时起就有人在深谷中凿石架木,修筑褒斜栈道,降低了翻山涉水的难度。

此处道路坎坷不平,韩信只得牵马步行,磕磕绊绊走走停停。眼下他又被一条小溪挡住了去路。这条溪水,原名寒溪,今名西沟,现位于陕西留坝县马道镇。平时无风无雨时溪水清浅,行人可以徒步涉水过河。可能人不留人,天留人,偏偏傍晚时分,寒溪上游天降暴雨,溪水暴涨。韩信抬头看天色已晚,此处前不着村,后不着店,天黑路不平,无法顺利通过。他无可奈何地站在溪边,战马长啸,平添几分凄凉。

萧何催马扬鞭,一口气追出五十里,来到寒溪边。婆娑月影里,他远远地就看到一个人牵着马在溪边徘徊,长影孤剑握,茕茕孑立。萧何一眼就认出了韩信,情急之下跳下马,他一把扯过韩信的马缰绳跟自己的系在一起,这才双手拉住韩信:"贤弟,你这是要去哪里?无端地不辞而别,害得萧何追得好苦。"

韩信答:"丞相辛苦了,不是韩信非要离去,是我不想泯灭了我的梦想,我想开步走,去寻找梦想的灯火。"言毕又要走。

萧何扑哧笑出声来,看韩信一脸怒容,他忙正色道:"天色已晚,世界一片黑暗,梦想的灯火早已熄灭在彼岸。这险山恶水虎狼声声,又浓雾重重的,你这是想到哪里去?我一闻听贤弟离去,匆忙中就追了出来,我想汉王那儿早已乱成一锅粥。汉王的脾气想必你也清楚,不如还是跟萧何回去吧?"

韩信蓦然停住,看到萧何因长途跋涉衣衫散乱,一路疾驰跑丢了鞋子,现在他赤脚站在溪边,一副狼狈模样,俊俏的脸上满是焦急的神色。他心里是满满的感动,却还是冲萧何抱拳道:"流霞寄壮志,沧海书豪情。此处不留爷,自有留爷处。韩信在此谢过丞相厚爱。您一直把末将当作人才,可是一个人不能尽其用的团队,不是我梦想的团队。

不是我不安于现状,也不是我不能用平常心对待我的工作,只是这管理粮草的工作真的不适合我。我白读一车兵书,空怀一腔建功立业之志,或许我想要的世界根本不在这里。丞相您还是请回吧!"

"贤弟,工作上的事儿,你暂且不必太介意。你这一路走来,辗转多处,想必更清楚。人看多远才能走多远,而不是走多远才能看多远。你要找的是发展的机会,而非只是眼下一时的得失。一滴水,如若不懂得寻找一片海域,它就会干涸;一颗星,如若不懂得寻找一片天空,它就会黯然失色。如若你有更好的去处,有比汉王这里更广阔的天空,你可以尽情地去飞翔。可是如果没有,我还是想请你留下!当今的形势不用我多讲,天下再次被分割,项羽雄霸着皇都。汉王为顾全大局率领部下蜗居在这里。你是个职业军人,我想你一定能明白汉王的心远远不只在这里。他在等待时机,假以时日,我们的部队休整完毕,我们的粮草充盈,他一定会率部东征,一统天下的。我们都知道自己在等待什么,也相信自己等待的东西在不久的将来会很快实现。只是眼下他的惊天伟业才开了个头,他需要你这样的军事奇才为他南征北战,开创一片新天地啊!再说了,我跟随汉王多年,汉王他不是不爱才不容人的人,只是现在他还没有⋯⋯"

韩信凝视着萧何,再一次打断了他:"丞相的话韩信都记下了,不是我目光短浅,也不是我计较个人得失。在我心里,功名利禄、升职晋升,不是非得不可的事。可是我有自己的梦想,我不想在我还年轻的时候,就放弃对梦想的追求。"

萧何苦口婆心地相劝,奈何韩信这厮吃了秤砣——铁了心,就是拧着不肯回转。现在和他讲什么理想梦想都是空谈,得先把人给请回去再说,搬出汉王的权威和英雄梦行不通,萧何只好走情感路线了。

萧何再次拉住韩信的手,语重心长地说:"别人溜号,皆因想家吃不得这份苦,我能理解。但你这次离开,是有不得已的苦衷,我心里都明白。一听说你跑了,我犹如遭晴天霹雳一般头都大了。你看这山高水深林密,我快马加鞭一路颠簸,汉王那儿都没来得及去禀报,他那火暴性子将军也一定听说过,擅离职守,该治什么样的罪,想必将军比我更清楚。当初我们一见如故,成为至交,还请将军不看僧面看佛面,顾念我与贤弟以前的情分,暂且委屈自己随我回去吧!你若执意不回,从今以后,我们桥归桥路归路,过去的情分一笔勾销。我会拎着脑袋去汉王那儿认罪,是死是活,我一个人扛着,再也与你无关。"

萧何的话击中了韩信内心深处最柔软的地方,他无语地转过身去,一双俊眸满含着泪水。

猛然间,这边萧何深情低唤"贤弟"的声音被另一种怒喝声打断。"萧何说的是肺腑之言哪,我奉汉王之命特意来捉拿逃兵韩信,国有国法,军有军规,你私自叛逃,还胆大包天诱拐丞相。小的们,都给本太仆拿下!"

夏侯婴真不愧是萧何的好兄弟,好战友。他听萧何一番至情至深的话,瞬间就抓住了韩信的软肋。瞧,他这配戏都演得入木三分,不仅当着他的属下直呼萧何的名讳,还真黑下脸来装模作样地命令手下要把萧何和韩信给绑了,去汉王那里复命。

萧何瞄了瞄骑在马上的夏侯婴紧绷着脸,公事公办不徇私情的样子,他心里直乐。他忍住笑意,伸出双手,就要束手就擒。

一名小士兵吓得满头是汗,他为难地看着夏侯婴:"腾公,这……这?"

夏侯婴声色俱厉地吼着:"这什么这,来时没听到汉王的命令吗?擅离军营者无论职位高低贵贱,一律捉拿归案,按军法处置,磨叽什么?统统给我绑了!"

韩信一看急了眼,一把推开萧何,乖乖伸出双手:"腾公,这事与萧丞相无关,一切都是韩信的错,大丈夫一人做事一人当,韩信愿意跟腾公回去领罪。萧何贵为丞相,这两天为了追韩信是跑断了腿磨破了嘴,辛苦万分,万万绑不得!"

于是,萧何、夏侯婴和韩信三人一同回到军营驻地。军营里一时间开了锅,比萧何出走时还热闹。

推波助澜,草根小吏韩信拜将

萧何都没顾得上沐浴,直接去拜见刘邦。军官士兵都拥挤着在刘邦的办公室前围观,萧何小跑着奔向刘邦,直直地就跪了下去:"汉王,罪臣回来了!"

刘邦一脸阳光灿烂，早把君臣的礼数全抛到九霄云外，亲自去扶萧何："丞相请起，回来就好，回来就好！"

"萧何私离军营擅离职守，罪该万死，请汉王治罪！"萧何长跪不起。

刘邦心花怒放，他双手搀扶起萧何笑着问："本王恕你无罪，你告诉本王，为什么你堂堂的大汉丞相，也跟着这些乌合之众瞎胡闹要逃跑？"

萧何恭敬地躬身答道："汉王误会微臣了，臣自沛县就追随汉王，一直风风雨雨作陪，您就是借臣一百个胆子，臣也不敢私离汉王，更别说逃跑了！臣是去追韩信了。"

刘邦就差当着众官人的面骂萧何幼稚没脑子了，他佯装生气道："追逃兵还用得着劳您丞相大驾，吩咐他们去就成了。是不是最近天天加班加点给你忙糊涂了？如今您可是红透了半天边的腕儿，放着好好的工作不做，单枪匹马地去追一个小喽啰，本王实在没瞧出来啊，这韩信哪里值得你私自离营狂追几百里？"

萧何偷瞄着刘邦："汉王此言差矣，韩信不是喽啰，他是埋在土里的金子，是鸡群里的凤凰。"

刘邦用那种你还替他说情的眼神瞪着萧何，那眼神分明就是你再替他说情我就结果了他。

曹参、樊哙等众将都替萧何捏了把汗。萧何却不卑不亢地继续道："汉王一向英明，爱才惜才，视才如命。韩信实乃大英雄，曾经仕途不顺如今又寄人篱下，不得重用。他纵有千般雄心壮志，奈何被淹没在兵山人海之中。眼下我们的军营里将才不少，但依微臣之见，偌大中原，碌碌无为之辈者居多，无人能超韩信。这个韩信的确不简单，他胸怀大志，腹有良策，是个不可多得的将才。将来与项羽一争天下，他就是帮助您成就千古大业的人才。臣恳请汉王能重用他，给他提供一个展示自己的舞台。臣相信，他一定不会让您失望！所以说这两天臣不是擅离职守，是为您留住人才而奔波去了。自我们入蜀地以来，大批将士都走了，倘若留不住人才，我们将来拿什么和项羽开战？今天逃跑的是韩信，也许明天逃跑的就是张信、王信、李信。无论是谁，只要他有才,能助您打败项羽,我还是会去追他。"

刘邦本想杀一儆百,把韩信给军法处置,再收拾萧何以示军威。可看到萧何衣衫褴褛,风尘仆仆的样子,心中的气早已消了大半,听完萧何那一番入情入理的肺腑之言,更是让他动容。

夏侯婴很应景地站出来给萧何帮腔,把他怎样顺着萧何的马蹄印寻到他们,又是怎样和萧何唱了出双簧把韩信给骗了回来的事,又结结巴巴地向刘邦复述了一遍。

刘邦果然也有王者风范,虽然他对这个目无军纪又不安心工作的韩信很无语,但他看到萧何、夏侯婴二人竟然如此力挺他,于是顺坡下驴,就此作罢。

俗语说得好,送佛到西天,摆渡到江边。萧何虽不是观世音菩萨,却在冥冥之中变成了韩信的红尘摆渡人。于是他趁热打铁地对刘邦说:"汉王,我们的东征大业即将拉开帷幕,我想推荐韩信到军中高层任职。大战在即一将难求,我恳请汉王能重用韩信,倘若这次还不给他机会,下次我们就没机会了。"

刘邦心情极好,饶有兴趣地瞪着萧何:"好了,能知道回来就好,不要再唠叨个没完!本王依你就是,那就赏他个将军当当,但愿他不会让你我失望啊!"没想到萧何并不领刘邦的美意,反而得寸进尺,只见他再次叩首:"依微臣看来,将军一职,对于韩信有点大材小用,军营里上至高层军官下至普通一兵哪个不知您知人善任。萧何请汉王三思,将军一职确实委屈了韩信,我们的团队如若真留不住这样的军事奇才,人才外流填补了别人家的墙脚,我们就会歪了楼。优厚的待遇、恰到好处的舞台才是留住人才的撒手锏啊!"

刘邦自知说不过萧何,反被他缠得没法,只好无奈地答应:"那就拜韩信为大将军,如何?"萧何眉开眼笑道:"好。"刘邦果断凌厉言出必行,他对萧何说:"丞相一路奔波辛苦了,本王成全你的美意,顺水推舟送你个人情,你去通知韩信,本王马上拜他为大将军。"

刘邦本以为这人情送得够大的了,大得都撑破天了。没想到萧何仍不认账,继续不依不饶道:"汉王,三军拜将可不是黄口小儿过家家,您至少得拿出您爱才惜才的诚意和气度来,把这事儿办得体体面面,让韩信能感觉到咱们是诚心实意要把他纳入咱们团队中来。不如造一个点将台,汉王您斋戒三日,沐浴焚香。三军将士全部集结,来一个隆重风光的拜将仪式?"

刘邦果真遂了萧何的愿,无论他是真心还是假意。他也给足了韩信面子,为自己的大汉团队赢得了一员大将。

韩信是个军事天才,而刘邦却未曾认识到这一点。萧何坚信自己的判断,以堂堂丞相之尊亲自去追一个最底层的小军官,并不吝其力把他挺上大汉的大舞台。也因这半生的知遇之恩,萧何与韩信成为生死之交。历史上著名的谋士良相和生猛武将,为了心中共同的梦想追随刘邦,一个鞠躬尽瘁,一个死而后已。

三日后,大汉广场上旌旗飘飘军号响,刀枪剑戟、斧钺钩叉林立。刘邦亲率大汉政治集团高层全体成员出现在点将台上,刘邦亲自签署授衔令,拜韩信为大将军,萧何把委任状郑重地交到韩信手上。台下全体官兵军容整齐,掌声雷动,地动山摇般地呼喊着:"汉王威武,汉王英明!"

大将军韩信后来者居上,位于夏侯婴、周勃、灌婴之上,统领三军,无名小卒来了个华丽的大变身,亮瞎了众将士的双眼!

萧何站在刘邦身旁,俯瞰三军将士,对刘邦好一阵狂拍:"汉王您不愧为咱们大汉的老大,看咱们的军队兵强马壮,战士士气激昂。南郑在您的治理下,从不毛之地变成良田千顷。您求贤若渴、广纳贤士,韩信就是沐浴着您纳贤的春风,飘到咱们地盘上来的。瞧他威风凛凛的,多有大将之风范!我想他一定会在您的英明领导下,为我们的事业竭尽所能的。"萧何斜睨着刘邦绽开的笑颜,看他一副很受用的样子,继续说:"最近您又从项羽他们那边挖过来不少人才,您还能不计前嫌,将他们安排到要害部门,臣甚是佩服。这样一来,普天下的贤才都会慕名而来,等时机一到,汉王便可挥师东上,直捣项羽的老巢。"

萧何这位大汉的首任丞相,凭他绝顶的智慧,从不放弃任何一个机会挖掘身边的资源。明明是他留住了韩信这匹千里马,但他却巧妙地把功劳归于刘邦。适时适度地给领导戴高帽,把成绩和功劳归于领导,不但没有坏处,反而在无形之中拓宽了自己的人生舞台。

"汉初三杰"萧何、张良、韩信终于全部到位,成为大汉政治集团的第一批核心成员,成为刘邦的左膀右臂,他们宛若一颗颗璀璨的珍珠,镶嵌在历史的千秋长卷上。

借力生存,联合巴蜀土著

话说项羽给刘邦冠上汉王的高帽后,便打发他到南郑这方贫瘠、荒蛮的黄土地上。创业伊始,千头万绪,大部队一路风雨兼程地开进巴山蜀水,边疆苦寒,因为思家心切,跑路的士兵也日渐增多。很长一段时间内,这都让刘邦很郁闷。

萧何看在眼里,急在心里。其实,他明知道这就是个天坑,可他依然信心百倍地把刘邦忽悠到这里。既来之,则安之,面对现实向前看。好在刘邦有过在芒砀山落草的经历,他本人又是天生的乐天派,身处逆境还是斗志昂扬。

为人臣子,有责任也有义务把领导的事业经营得红红火火,特别是像萧何这种主人翁意识特别强的人。他喜欢把所有的事都做到前面,想领导所想,急领导所急。

萧何虽是文臣,可是这些年一直在军中,也历练得文武双全。张良来了,他主动让出了献策献计的工作,全身心地把精力都转移到后勤工作中去。驻南郑的生活,枯燥又单调。可是萧何却落地生根一般,努力把每一天都过得有意义。

最近,萧何与韩信打得火热。这不,韩信给他透露了"明修栈道,暗度陈仓"的计策后,他早出晚归深入人民群众中去,来了个双管齐下。他一边执行吕雉的宣传命令,率一帮士兵满街道地贴告示、散传单,号召适龄青年要积极应征入伍,一边积极给部队筹措军饷,忙得跟流星雨一样,连刘邦都难以看到他的身影。

对于萧何的公关能力,咱不必多说。萧何深知外来户异乡扎根不容易,得像主人翁一样和当地人亲密团结地融合在一起,取得他们的支持和配合,才能把领导的事业发展壮大。

萧何就是一块砖,哪里需要哪里搬,工作中但凡有啥事,总是先看到眼里,行在领导前头。开发巴蜀、兴修水利、劝课农桑、筹集钱粮,富汉强兵,为刘邦"还定三秦"鞠躬尽瘁地操劳着。

原来身兼数职,也一直是萧何的强项。只因为有了萧何打拼在巴蜀的艰辛岁月,才有了刘邦"还定三秦"的战略大转移。

特别是最近一个进步百姓给萧何透漏当地有一支巴人军队能征善战后,萧何直接就渗透了进去。天天拖着韩信、夏侯婴帮他给那支賨人部队送粮草送银钱,这一来二去你来我往的,就跟他们打得火热了。萧何终于和賨人部队的头领范目成了朋友。这不,大早上就跟着范目进山勘察地形去了。

最近部队又添韩信这一员大将,令刘邦喜得开心颜。走起路来都脚底生风,他往办公室走,一群军官追上去,樊哙有些沉不住气,问:"汉王,咱们啥时候杀回关中?战士们都在这里憋屈得不耐烦了。"

"对,俺那边又有开溜的,依属下看,干大事要趁早啊,咱们来这里也不少日子了。"曹参边接口道边把刘邦让进屋,用衣袖抹了把椅子请刘邦坐下。

周勃说:"我那边也是,今天让我逮了仨全关禁闭反省呢!"

"嗯……"刘邦若有所思地答应着,环顾了下四周,"萧丞相呢?这几天怎么神龙见首不见尾的,他哪去了?"

"回汉王,萧丞相最近一直在和那……那帮賨人混在一起,刚才我们还帮他们送过几车绸缎和食物呢!"夏侯婴一脸得意扬扬的表情,结巴着开了腔,边殷勤地捧盅奉茶。

"什么?他跟那帮野人混在一起?"刘邦脸一黑,瞪着眼转向夏侯婴。

"对……对,那些賨人可热情了,可好玩儿了!拉着丞相和王后跳舞,韩信就是聪明,才几天都会耍賨人的剑了。"夏侯婴自己也比画着,依然按捺不住的欣喜,"我们刚开始也听不懂他们说话,可是他们真的很热情。嗯嗯,我一会儿还要去给丞相送传单,我就是特意回来给丞相和韩信请假的。"

刘邦噌地一下站起来,冲夏侯婴他们骂道:"跳舞?胡闹!生于忧患死于安乐,你们是不是真想在南郑生根发芽落地开花结果?一个个不想回东边去了吗?"下一秒他很不淡定地冲出帐外,一屋子人全跟着他冲了出去。

"腾公你说点儿啥不好呢?"张良小声碰了碰夏侯婴,然后策马追上刘邦朗声道:"汉王,丞相和王后是深入群众中间,给咱们做战前宣传去了。"刘邦黑着脸连张良都没理。

密林边宽阔的空地上,一群賨人正手拉手一起载歌载舞,击鼓声、喧嚣声充斥着耳膜。

刘邦和张良他们下马,夏侯婴自知闯祸,忙巴巴儿地给刘邦拴好马。

忽然人群里一阵骚动,那群老老少少一起振臂欢呼着,队伍向着密林边涌去,刘邦一眼就认出萧何、王后吕雉,还有一个看似是賨人的头领从小道中走来。

刘邦一挥手,一排士兵手执剑戟就扑了过去,冲散他们的队形,直扑向萧何。

只见賨人头领一声口哨,几个賨人手执柳叶长剑三下两下就把刘邦的士兵给放倒了。

"大王,您来了,给大王请安!"吕雉欢喜地给刘邦拜了下去。

萧何几乎匍匐着跌跌撞撞地过来,直直地就跪了下去。

吕雉入乡随俗,小脸上抹得五颜六色的,活像个小鬼。萧何衣衫不整,满身尘土,裤脚上还沾满泥巴。最气人的是韩信,一张俊脸上也被涂抹了油彩,手执一柄青光凛冽的长剑,小妖一样跟着那群妖孽扭来扭去。直到看到萧何和吕雉都跪倒在刘邦脚边,才发现事情不对,从人群中蹿出来,跪倒在刘邦脚边。

刘邦瞅着脚边这三个人,是气不打一处来,不由分说冲韩信就开火了:"韩将军,你是新人不好好表现,又目无王法,净跟着萧何瞎胡闹,念你是初犯,拉下去关三天禁闭再说!"

那范目见韩信被人欺负,一挥手他的手下又干净麻利地放倒刘邦的两个士兵,一群巴人像花果山的小猴子一样,冲着刘邦上蹿下跳。

萧何频频叩首,头几乎磕到刘邦的脚面上,他的声音满是祈求:"汉王,容萧何回禀,早上是我叫韩信出门的,那时天还没亮怕吵醒您,才没去向您禀报。"

刘邦气得想踹萧何,又瞅见那范目正横眉冷对,便冷着脸伫立在那里雕像一般不说话。

吕雉悄悄拽了拽刘邦的衣角,低声和他耳语了一阵,并对萧何道:"丞相请起!"

萧何颤抖着身子站起来,胆怯地低眉道:"汉王,微臣给您介绍一下,这位是阆中人范目将军,是我们尊贵的客人。"

侧过身萧何满脸是笑,熟稔地和范目耳语比画了一阵。范目看吕雉、萧何、韩信都跪拜刘邦,他瞪眼审视了刘邦半天,才喝退手下对刘邦露出友好的微笑,喧嚣的人群忽然安静了下来。

刘邦脸上的表情不再那么僵硬,他凝眉从上到下打量一遍萧何,阴阳怪气道:"一群男男女女混在一起,成何体统!我的丞相日理万机到这里给本王筹措粮食来了?"

"汉王,容微臣启奏,在王后的支持下,最近走乡串户,为我们的部队筹集粮饷,才和賨人相识。他们是本地的土著,祖祖辈辈生活在这里,他们热情好客、勇猛强悍。远在武王伐纣时代,他们的祖先就在战场上冲锋陷阵,以少胜多,协助武王打败商朝。汉军经过了这半年的休整虽说士气昂扬,但我们的士兵多来自中原,对这里的地形不甚熟悉,也不擅长山地作战,士兵的独立作战能力也相对较弱,单凭我们部队现在的实力去和三秦的官兵作战,还是稍逊一筹。这位賨人头领范目将军骁勇善战,他领导的賨人士兵却恰好有此特长,他们武器精良,具备特种作战的能力,外加他们的祖先有支持正义的优良传统,范将军本人深明大义,已经表示愿意助我们一臂之力。"

刘邦本来瞅着萧何勾搭上吕雉和韩信一起在跳啥劳什子舞蹈就来气,现在一听貌似萧何并没有染上奢靡之风,心里略宽慰起来,刚才那几个賨人士兵的身手,他早瞧在眼里,便低笑道:"原来我的丞相没有坠在温柔乡,哈哈,以后出去办事儿,打个招呼省得本王挂心。"便开心地和范目交流起来。

萧何看刘邦脸上的表情舒缓了不少,高兴地给他们做翻译。

掌声雷动,铜鼓又敲起来。賨人表演起欢快的"巴渝舞"。鼓点激昂时,只见他们手持弓弩,排出整齐的队形,完全一副向敌军进军的阵势。

刘邦、萧何、吕雉等正被一群人围绕着敬献美酒,夏侯婴、张良、樊哙他们全都围绕过来,模仿賨人扭动着。韩信到底年轻,看刘邦脸色开晴,按捺不住地又融入賨人队伍中去。

萧何喜笑颜开地向刘邦解说着这种最炫民族风的舞蹈,看起来阴柔浪漫,实则柔中带刚、前歌后舞、绵里藏针。凛凛士气里隐含着杀机,这样的队伍到阵前具有致命的杀伤力,另外,賨人手里拿的武器,名为弓弩或者板楯,韩信耍弄的是剑矛等武器。

二人绕过队伍来到丛林边上,萧何对刘邦解释说:"汉王,臣认为韩信的计策可行,从巴蜀到关中,这一带山高林密多为原始森林,若是我们的军队没有向导擅自进入,凶险重重,更别说对敌。陈仓(今陕西宝鸡)是必经之地,恰巧又卡在巴蜀和关中的咽喉处,只有一条大路可行,前面又有章邯重兵把守,仅靠我们的汉军,蜀道难难于上青天哪!臣以为我们可以借助范目的力量,绕到山间小路,先拿下陈仓,再在范目的帮助下组建自己的特种部队,以便我们以后跟项羽开战。"

刘邦频频点头,心花怒放。

他这个领导根本不用操心,属下全都各就各位,各司其职,各尽其责。那天韩信、张良才透露出这妙计,没想到萧何早就把后续工作做到尽善尽美了。

萧何不仅后勤工作做得好,类似发布政令,发动群众,联合一切进步力量壮大自己的实力等工作他亦做得有声有色。他总能抓住时机,笼络人心,把别人招纳不来的人吸引到自己的工作团队中来,以辅佐刘邦成就辉煌大业。

一切都顺理成章,当初入关中时,刘邦采用了张良的建议,一把火烧毁的栈道,现在全部重修。明修栈道的工作,交给樊哙率部队限时一个月完工。悬崖峭壁上修栈道,这是向项羽表白的节奏。刘邦绝对不会东进,因为这是明摆着的惊天伟业,三年五载也完不了工。

范目率领的賨人特种先遣部队雄姿焕发,严阵以待,紧锣密鼓地操练着,准备为汉军打前锋,奇袭陈仓。

这一切都是萧何的功劳。他为人圆滑,办事干练,长于行政管理,最佳时机做自己最擅长的事情,妙用身边的人力资源,为领导张罗人才。他把后方打理得井井有条,并能跨越专业在军事方面小露一手。有悟性的下属永远是领导的最爱,难怪刘邦这么器重他。

第十九章

保障军饷：大财不放，小财不漏

战前分别，丞相留守关中

公元前 206 年 8 月，秋高气爽，天高云淡。刘邦亲临点将台，在校场上发布了进军令，即日亲率百万大军，挥师向东夺取三秦，直扑咸阳。

大战在即，南郑的父老乡亲们自发前来为将士们送别。南郑政通人和、百废俱兴的新面貌，离不开萧何的勤政爱民，离不开这些政坛新星们的辛苦治理。刘邦团队在南郑这片土地上，是外来户落地生根，混得风生水起。

"明修栈道，暗度陈仓"的战斗骤然打响，蜗居南郑的汉军忽如猛虎下山。范目率领的賨人特种先遣部队巧妙地避开了雍王章邯的正面防御，从侧面撕开一道口子，从小路顺利度过陈仓，直扑关中。章邯被迫退守废丘（今陕西兴平县东南）。汉王二年，公元前 205 年 6 月，韩信献计水淹城池，章邯一刀抹了脖子，去天堂找他的二世皇帝去了。

刘邦大军势如破竹，当初被项羽赶到南郑那个鸟不拉屎的地方，没想到今天又杀回来了，而且旗开得胜，来了个开门红。刘邦仅用了不到一个月的工夫，就全部拿下秦朝那三位降将的地盘，"还定三秦"的美梦终于成真。富甲天下的关中轻轻松松地就被收入囊中，八百里秦川真真切切地就踩在脚下，这自古以来的兵家必争之地，如今姓刘了！不过小试牛刀，又赚了一大把，刘邦乐得闭着眼睛都能笑出声来，恨不得一朝就攻到项羽的大本营去。他的梦想可不只是拿下三秦，而是把刘氏大军的旗帜插到项羽的地盘上。

虽然这一个月来，部队减员不少，但稍作休整时，就吸引了关中地区的大批有志青年投身到队伍上来。最令人惊讶的是在这次战斗中，賨人中从十五岁的少年到六十岁的老人，全部拿起武器，从军为刘邦效命。

汉军接管咸阳后，刘邦喜欢封侯的毛病又犯了。在夺取咸阳的战斗中范目将军的賨人特种兵，立下赫赫战功，范目被封为长安建章乡侯。而賨人却以思念巴蜀为由，力辞封赏，范目最后领着低一级别的沔县侯的封赏，率部回故乡。

范目的特种部队特别扎眼儿，炫目的舞蹈更是一道亮丽的风景，萧何和范目拥抱告别。

此时的刘邦一身铁甲戎装，腰带佩剑，威风凛凛。三军主帅斗志昂扬，校场上将士林立，旌旗猎猎，战马嘶鸣，口号声响彻云霄。这些大汉集团的统帅们整装待发，即将奔向新的征程。

刘邦和萧何这一对将相组合，不幸地又要上演着武主外文主内的剧情。萧何是丞相，他的舞台不是在血雨腥风的战场上，而是在这大后方。现在他的领导要率领部队亲征，他不能随行。

萧何和刘邦从沛县初识到挺进南郑，这一路走来他们都是朝夕相处形影不离的，此时分别在即，相对无言，是一切尽在不言中。

战鼓狂擂，军号齐鸣，刘邦牵着马靠近萧何，萧何很动情地轻抚着刘邦的战马，默默地帮它整理辔头，空气中弥漫着不舍。刘邦说："大哥，你一直都做着默默无闻的零碎的工作，这次范目能为我军效力，真的全靠你积极主动的争取。这些年你跟着我风餐露宿，如今咱们的日子比以前好了，南郑虽然贫穷，可是我们这些第一任垦荒者见证了它的日新月异。南郑是你一手经营起来的，那边的防务请你务必要安排妥当。现在整个关中地区大到咸阳古都小到村村落落犄角旮旯，都是我们盘里的菜，各种食材已经备好了，要怎么炒，还是看您这位堂堂丞相的厨艺了。我就要上前线了，不用我多说，这里是我们的大后方。

无论局势如何变换,人在阵地在。战场生死无常,即使有一天我血染战袍,马革裹尸回来,我愿意死有葬身之地,我愿意在这八百里秦川的三尺黄土陇中含笑长眠。"

刘邦也是个攻心的高手,他能从一个市井混混爬到九五之尊,在识人用人方面必定有他的独到之处,但凡有头脑的领导,总是明白集团内部的事儿他不必事事躬亲,他懂得适时调动身边其他人的力量,为自己服务。

刘邦把萧何唤作大哥,晓之以理,动之以兄弟情,直接就把这副重担压给了萧何,头可断血可流,大后方老本营不能丢。刘邦此番深情款款的肺腑之言,说得萧何眼眶发热,几度泪湿。

"汉王不要折煞微臣了,都是分内的工作,臣该做的。萧何这辈子愿意为您抛头颅洒热血,生生死死永相随。您出征在外,不比在家,脑袋别在裤腰带上,时时处处都有危险。这次我不能随您出征,还请汉王多多保重,我们无数兄弟的鲜血和生命,换来了今天关中的解放。我萧何不会辜负汉王的期望,一定好好治理关中。"萧何不忘君臣的礼数,刘邦即将开赴血雨腥风的战场,先给他吃颗定心丸。

刘邦带着大汉集团的精英们,向前线开拔,渐渐消失在萧何的视线里。

好干部左手后勤,右手理财

后勤工作琐碎又繁杂,一般舞刀弄枪者,胆大不心细者难以胜任,能沙场擒敌者不一定能在后勤这个舞台上秀出最美的自己。做好后勤工作的人,得有"后勤不后,创先争优"的超前意识,具有对经济状况的全面认识、评估、把握、操控的能力。作为一个丞相,心中的理财意识将会决定这个国家未来的经济命运。

古人云:兵马未动,粮草先行。万丈红尘三杯酒,千秋大业一壶茶。立大业,民为本,民得平安天下安。千军万马浴血沙场,千千万万的将士在前线集结,要吃饭要穿衣,这粮草便成为克敌制胜的重中之重。粮草充足,粮道畅通,部队才能保证旺盛和充足的战斗力,进可攻,退可守,纵横九州,打平天下。

彼时,萧何这个二把手,就是保证刘邦在前方打胜仗的关键人物。他是中国古代最高行政长官,最优秀的内政型高级文职干部,是管理大后方、搞后勤的行家里手。

其实,刘邦安排萧何去做这份工作,是最佳时机使用最佳人选,是安排得恰到好处,这回好钢真用到了刀刃上。以前把萧何这支笔杆子掺和到行军打仗的队伍里,纵使萧何能身兼数职,粗活细活都能干一把,可这毕竟是才不能尽其用,多多少少都差强人意。

刘邦是有眼有珠的好领导,他对手下这一干良臣名将,安排绝对是工、兵、士、卒各得其所,萧何任丞相兼后勤部长,张良是军师,韩信为元帅,樊哙是将军。得益于这样一种合理的君臣结构,他们最后才能大败项羽,高唱着《大风歌》胜利还乡,从而坐稳大汉的江山。

无论古今,但凡兵家,无不重视军队的后勤保障工作,因为这是克敌制胜的决定性因素之一。部队的后勤就是根据前线的作战任务、参战的兵力、持续时间、补给物资的性质和消耗规律等,适时主动地为前线给予补充。眼下萧何就开始着手这些琐碎又细致的工作。

彼时被战争血洗后的关中,满目疮痍。

项羽一时杀戮四起,血洗了秦都咸阳城。秦始皇的阿房宫也在这场历时三个月的战火中化为断壁残垣。有人劝项羽:"关中这地儿,有天然的山河屏障,土地肥沃富饶,自古就是军事要塞,项王可以在这里功成名就,建都成就霸业。"但项羽瞅着他的杰作,这火烧后的废都,说:"富贵不回故乡,如同锦衣夜行,又有谁人知道?"这厮胆敢因此笑话项羽沐猴而冠,被项羽扔进行军锅里生生煮死。

自负又粗线条的项羽,就这样选择了弃城,一把火便烧掉了他称帝的根基。有人丢,就有人拾,刘邦就这么轻轻松松地捡了个大便宜,顺手把关中盆地收入囊中。

萧何率领大汉第一批驻关中后勤部队开进了这个新的大后方,作为关中的第一任军方领导,来收拾这个烂摊子。拾破捡漏,萧大丞相才不嫌弃呢!再说了,这八百里秦川只是暂时的萧条,现在民生凋敝、百废待举,但是假以时日,这一批新的建设者一定让这一方土地旧貌换新颜。萧何这种会过日子的人适合做大领导,天生的人格魅力让他聚集了无穷的人气和能量。在平凡琐碎的工作中,他早已是一把标杆儿,是楷模。

战争的事儿,自古以来就是成王败寇。无论哪支部队军管了这座城市,都得让老百姓安居乐业,重启因战事而停滞的工厂,发展生产,恢复战时混乱的社会秩序,让普天下的百姓都能过上好日子。

知民情、解民忧、暖民心,似这般安抚民心的大事儿,萧何在沛县和在南郑都有过实践经验,如今治理关中,他自然是轻车熟路,玩转得自在又娴熟。他虽为人臣,却也早已在战争的大熔炉里冶炼得炉火纯青。他不是一代君王,他只是刘氏政治集团的一个高级打工仔。他更明白,只有政令畅通、经济繁荣,才能扛起前线百万将士的衣、食、住、行等问题。雷厉风行是萧何一贯的工作作风,他实施的新法,给了老百姓宽松的政策,得以恢复生产。

现在关中的百姓沐浴在刘邦政治集团各种惠民政策中,齐心协力地投入轰轰烈烈的大生产中去。

战后咸阳的重建和修缮工作,仅靠朝廷的力量是远远不够的。萧何这一班子后勤部的人马,毕竟以老弱病残为主,大部队都开拔到前线去了。所以萧何又发挥了他的强项,煽情地发动群众。萧何深知,历史有着自己的轨迹,世界有着自己的节拍,人民群众的力量永远是最强大的,只要给他一根杠杆,就能撬起整个关中盆地,甚至是整个地球。

既然刘邦已授权他全权经营关中,他怎能辜负了刘邦的一片真心真情,放开手脚迈开步伐,趁青春的尾巴还在,他这只志存高远的雄鹰还要尽全力去搏击长空。

发动群众干事创业,是萧何的拿手好戏。众人拾柴火焰高,这老百姓点燃的建设圣火比项羽那把大火更旺更凶猛。萧何趁热打铁,及时开放了原来秦朝的皇家苑囿,皇帝老哥的专属领地,让关中的老百姓耕种,免收租税,还不交公粮。皇家的地盘百姓做主,领导时代新潮流。他就是要在这八百里秦川,让日月重换新天。

类似萧何这样的高级干部,从做新丁到做老手,一直都谦虚谨慎,从点滴小事做起。他把整个集团的利益放在首位,无论领导在或不在、看得见或看不见,他都能一如既往地兢兢业业,全力以赴,最终收获最大的还是自己。

自古以来都是君主给贤臣封官晋爵的,萧何却以朝廷的名义给草根老百姓恩赐爵位。官家那些事儿,只有你想不到的,没有做不到的。本无意与众不同,怎奈品位太出众。萧何本来就胆大心细,心有城府又懂谋略,他搞战后重建、搞土改能搞出这新鲜花样儿也不足为怪。服务百姓,才能凝聚民心,老百姓受益了,自然会肝脑涂地报答国家。这天下的百姓都富裕了,家家户户有余粮,又有哪个百姓不心甘情愿给朝廷交纳公粮,报答朝廷的惠民政策,感谢皇恩浩荡呢?

另外,萧何还在人民群众之间搞了个民主选举,凡政务、政事一律公开透明,直接落实到了关中的每一个乡镇村落,让关中的百姓本着自行、自发、自愿的三个原则,推举品行好、德高望重的老者,能在民间一呼百应的五十岁以上的老人,冠以"三老"的美名。

每乡只限一个名额,然后把这些乡镇推选出来的"三老"们集中起来,又通过民主选举推选出县里的"三老",同时免去他们的徭役,让他们完全没有后顾之忧地工作,专门辅佐新任县令。而且在岁末年尾,还可以领到朝廷福利,回家和老婆孩子欢欢喜喜过个好年。萧何的这一招,号召的是无私奉献,有偿回报,这些人又何乐而不为呢?

老百姓居家过日子,没有理财意识,不懂理财窍门儿,纵使拥有金山银山也会挥霍干净。懂小家知大家,没有坚实的物质基础支撑,国家的根基就不会稳固。俗语说得好,国有贤臣民心定,家有余粮老少安。萧何完全按照刘邦的旨意,本着大财不放,小财不漏的理财方针,为他的领导精打细算过日子。

领导信任属下,把关中这么大个地盘托付到萧何手上,他要是没有一个长远的投资理财计划,心里没有一个清楚的算盘,不懂得攻守兼备投资转换,别说积攒财富支援刘邦的军队,就是自给自足都做不到。到时候,前线战事吃紧,需要后方支援,但是国库空虚,财政赤字或亏空,无银钱可以调拨,里里外外就会是一把糊涂账。关中这摊儿不仅毁在自己手里,而且会延误了刘邦的战机,难不成厚着脸皮对他说:"汉王啊,萧何不才,您不在家,我把您的大本营给倒腾空了,家底儿都给折腾干净了！您不要打仗了,赶紧停兵节饷,回来收拾烂摊子吧!"那时他自己成了千古罪人,不仅不好跟领导交差,还无颜见刘邦和关中父老,这也更不符合萧何本人一贯的工作作风。

理财高手,坐镇巴蜀供军粮

老百姓的日子好了,国家才好,古今都一样啊!俗语说得好:攻城容易守城难,打江山容易坐江山难,守财容易理财难。萧何深知,一粥一饭,当思来之不易;半丝半缕,恒念物力维艰。特别是处于战后经济衰退的历史时期,他不仅得会理财,让钱生钱,还得学会精打细算,拒绝大手大脚。合理利用已有的财富,守得住钱财才能生财嘛。

比如开源节流,降本增效,向关中的知名富商争取投资等,这些理财的有效途径,在最短的时间内充分发动本地群众为国奉献的热情,借助他们的力量来改善关中人民现有的生活水平。精打细算,合理规划资金,争取在最短时间内经济能步入正轨。萧何精明的理财方式,减少了很多不必要的支出,以保证在自给自足的基础上,再为前线将士储备军需。

在治理关中的过程中,萧何充分彰显了自己优秀的内政和理财能力。他不仅是一个职业的好秘书,更是一个算盘拨得呱呱叫的理财高手,使关中的财务状况处于最佳状态。在萧何的精心治理下,关中政治、经济秩序井然,社会治安稳定,千头万绪的民生工作都在最短的时间内步入了正轨,因为战事而连年衰退的经济很快呈现腾飞的趋势,平稳地向前发展。

萧何不仅是一位勤政爱民的好丞相,亦是一位职业化的高级理财师。他做到了勤俭持家,理财有道。他在大汉创业的最初,胸怀投资的策略,制订了比作战计划更为详细的理财规划,把刘邦的大后方经营得红红火火,为他服务的政治集团创造并积累财富,把整个关中地区的经济推上一个新的台阶。他在战后的废墟之上,开辟了重建的新天地,精心打造了大汉的新家园。

脑袋决定口袋,细节决定成败。战争年代,能把后勤保障做得如此到位,得需要难以想象的财力、物力、人力,萧何凭自己的才干和头脑做得有声有色。

作为一个出色的后勤总CEO,一个优秀的财务掌门人,只有把握国家的经济命脉,才能真正掌控着大汉脉搏跳动的旋律,才能谱出国富民强的交响乐。

萧何一直本着团结协作的工作理念,高度强烈的责任心和使命感让他从不会因事大而畏为,因事小而不为。他个人的价值也在这些平凡的工作中,在大汉集团的蓬勃发展中,得到了最大化的完美展现,值得后人去效仿去学习。

自从萧何踏上反秦道路那天起,就把自己的一生,乃至整个萧氏一族全部奉献给了刘邦,奉献给了他们共同的理想和事业。任凭岁月给热血不断加温,他的生命只为他诉说忠诚。

清史明月照汉家,功名盛开丞相花。萧何在自己的岗位上,把后勤工作做得极致完美,总是及时地把一批又一批的军需物资源源不断地从关中运往前线,支援刘邦部队的战争所需。另外,他又动员老百姓把自家的孩子送去当兵,将一批又一批的热血青年从关中送到前线。如今的好日子都是托了萧大丞相的福,老百姓们心甘情愿地回报朝廷、回报社会。萧何坚信,黎明前的黑暗不会太长久了,天总会放亮,成功的那一天终将来临。

垓下悲歌,英雄请重新来过

楚汉战争从公元前206年拉开序幕,刘邦和项羽这对义结金兰的兄弟,正式开始大决战。

公元前205年4月,项羽正在率部东征,在今山东地界上打得热火朝天,彭城自然守备空虚。刘邦乘机瞅了个空子,率领大部队一路向东,攻占了项羽的老巢彭城,抄了他的后路。

但好事多磨,汉军接管彭城后,被城市的喧嚣和繁华眯了眼,被眼前的胜利冲昏了头脑。彭城的宝物和美女统统当战利品收缴过来,还隔三岔五地开个"爬梯",导致士兵麻痹大意,刘邦也在这阶段性的胜利中飘飘然起来,放松了警惕性。

结果,可想而知,刘邦的队伍连脚跟儿都没站稳当,屁股都没坐热,自上至下懈怠轻敌又疏于防范,就被急了眼的项羽给包了饺子。

彭城失陷,战报频频而至,项羽闻讯怒火冲天,把诸将留下继续战斗,自己亲率三万轻骑兵日夜兼程由山东曲阜一路南下,截住了刘邦的后路,直逼彭城。

那年的战斗在凌晨时分打响,楚军大破汉营后,项羽和那三万轻骑兵愈战愈勇,汉军则节节败退。滚滚河水挡住了去路,后面追兵又不断地压上来,刘邦的汉军五六十万人被逼入绝境,纷纷跳入水流湍急的河水中,十余万士兵被淹死在谷水、泗水河中,剩余残部逃至今安徽淮北市西部的濉河边。

彭城之战中,项羽以少胜多,创造了历史上骑兵歼灭步兵的典范战例,取得了楚汉战争中空前绝后的一次伟大胜利。但美中不足的是,项羽擒贼没擒王,又一次放虎归山,给了刘邦喘息和翻身的机会,为汉军和楚军的拉锯战留下了后患。

刘邦于骄奢中战败,却于不幸中求得一线生机。他听了陈平的计策,玩了一招金蝉脱壳,仅率十余贴身近骑狼狈逃窜,亡命天涯。即便兵败如山倒,他也知道只要人在,一切都可以重来!

刘邦泥菩萨过河——自身难保,还惦记着顺路去沛县接上自己的老婆孩子,奈何楚军早已占领沛县,战乱中亲人早已下落不明。刘邦就到吕雉的哥哥吕周驻扎的安徽砀山县,集结了些散兵游勇,几经辗转逃至今河南荥阳县。荥阳,地理位置险峻,南面群峰环绕,北面是邙岭,东面与襄城相邻,西部横跨虎牢关,被冠以"东都襟带,三秦封喉"的美称,自古以来为众兵家必争之地。

刘邦是屡战屡败百折不挠的典型,反秦这些年,在哪里跌倒就在哪里趴下,只为东山再起。谈笑间,烽烟四起谁最狂,一展宏图霸业雄心万丈。刘邦虽虎落平原,但还是找到了这一处可以养精蓄锐的风水宝地,他利用有利地形和项羽玩起了拉锯战。

彭城之战让刘邦这只大鹏折翼,汉军主力部队几近被歼灭。自古墙倒众人推,刘邦遭此重创,很多诸侯王也做了墙头草,倒戈反汉投楚。自此,楚汉战争从战略防御进入了战略相持阶段。

拉锯战,顾名思义,就是因为双方旗鼓相当,谁也不能在短时间内吃掉对方，谁也不能占绝对优势。拉锯战的本质是惨烈的，敌我双方虎视眈眈盯死对方，互相争夺，所有高精尖的武器装备都在长久的对峙中化为灰烬。战争的最后，士兵减员，物资耗尽，前方是绝境，后方是追兵，如果弹尽粮绝，你就只有死翘。

彼时，汉军和楚军就在荥阳一带对峙，棋逢对手，路漫漫来日方长，有钱有粮就可着劲儿耗着吧！拉锯战打到最后，拼的是毅力，拼的是坚持，拼的是后勤补给。"兵马未动，粮草先行"，是古人对战争后勤保障重要性最经典的诠释。

刘邦天涯流落，处境堪忧。萧何在关中，早已收到前线的战报，上面只有四个大字"火速支援"。几次征兵大潮过去，此时关中地区的大部分青壮年早已响应萧何的号召，奔赴前线杀敌。如今前线战事吃紧，萧何不得已只好发动年老体弱的人迅速集结，火速开往前线。

话说，跟项羽南征北战的这些年，刘邦在前线每每被项羽打得丢盔弃甲，溃不成军，手下的士兵死的死伤的伤，粮草不是被烧就是被抢，时常狼狈不堪。萧何总是在战争形势最严峻的时候及时地把补给送上战争最前沿，让垂死的刘邦满血复活，重披铠甲，冲锋陷阵。

连年战争，经济萧条，百姓民不聊生，可是刘邦的军队却从没有因为军需供应不上而紧张过。刘邦东征西讨，关中地区的根据地是丢了得，得了丢，可是他的大本营却于战火中岿然不动，萧何全方位保障前线供应。

反观项羽，和刘邦干仗，几乎每战必赢，但粮草和后继兵员的输送都有问题，后勤保障不给力，势力范围也没有扩大，为楚汉战争的惨败种下恶因。

公元前203年8月，刘邦和项羽签订了《鸿沟和议》，楚河汉界，一分天下。

但没过多久，刘邦就听了张良和陈平的建议，撕毁和议，趁楚军疲惫奔袭之时从背后发动偷袭。铁蹄声声，刘邦、齐王韩信、淮南王英布、大将刘贾、魏王彭越，以韩信为最高统帅大军约六十万人，兵分五路对项羽展开了合围，硬是把项羽的十万大军包围至垓下。这对曾经一起为了反秦大业戎马倥偬的生死兄弟，如今变成了一争天下的生死对头。

公元前202年,自从灌婴攻下彭城,英布拿下九江,刘邦亲率大军也向东挺进,楚地次第沦陷。这场历时四年,规模巨大的楚汉战争进入了最后的鏖战,著名的"垓下之战"拉开序幕,战局发生了质的变化。

刘邦的汉军士气旺盛,战场上一批批的战士倒下了,后方又有一批批的热血青年跟上了。有萧何源源不断的支援,汉军是粮草充盈,武器装备精良。

楚军受到重创,曾经叱咤一时横刀立马的项羽,如今缩在南沱河北岸,眼瞅着众将四散而去,部队减员过半,后勤补给又一度被包围的汉军切断,辎重部队无法按时到达前线。

凄冷的夜里听到楚歌声声,项羽的部队本来征战已久,本来就思念家乡和亲人,又以为汉军已拿下楚地,士气山崩瓦解,不战而衰。项羽唱着悲凉的《垓下歌》,一路相伴相随的虞姬也不肯弃他而去,自刎江边,留下霸王别姬的千古传说。

项羽没有了牵挂,趁着月黑风高率八百骑兵突出重围南逃而去,刘邦坐镇帐中派遣灌婴率五千骑兵追击。项羽他们冲开血路一路逃亡,天亮时,率残部渡过安徽淮河,鲜血染红了淮河水,这时他身边只剩下百十号人了。逃到阴陵时,项羽他们迷了路。真是虎落平原被犬欺,他们向一个农夫问路,却被骗进了一片沼泽地。逃至东城时,项羽的身边只剩下骑兵二十八人,如今天要亡他,他已无力回天,他命令这仅有的手下全都下马,与追兵短兵相接。大势已去,英雄末路,可他指挥这二十八个骑兵来回冲杀,竟然又于汉军蜂拥而至的骑兵中杀出一条血路,他亲自斩杀了百余名汉军。

乌江河水咆哮着,惊涛骇浪狂卷着。上苍也怜惜这位无畏无惧勇敢的英雄,乌江亭长把船泊在岸边,恳切地对浑身是血的项羽说:"项王,请您渡河吧!江东虽然是芝麻弹丸之地,可有数十万的老百姓和数千里的沃土,咱们重整旗鼓待后生。"

"哈哈,这不是天大的笑话吗?本王率八千江东子弟西征,他们都把血肉之躯留在了烽火连天的战场上,如今只剩下我一个人,天要亡我,我一个光杆儿司令渡江干什么?即便江东父老怜惜我,还让我称王,可是我还有脸去见他们吗?"

"我的大王,这并不是老天在惩罚你,是老天在给你生的机会啊!战场有胜就有败,耽搁不得,快上船吧!君子报仇,十年不晚,只要人还在,希望就在啊!咱们重扎台子重唱戏,重整旗鼓重开锣,几十万江东父老在等着您哪!"乌江亭长急得满头是汗,恨不得拽项羽上船。

其实,人生只有一条路不能选择,那就是放弃。可是,项羽是宁可站着死,也不跪着生的汉子。他一生争强好胜,把面子看得比命都重,如今心爱的女子死在自己的面前,项庄为自己挡剑零落成泥,跟随自己征战多年的战士也都壮烈牺牲,他的心受到重创,他羞愧难当,无颜面对如此残酷、血淋淋的现实。走投无路时,他宁肯选择死,也不会放下面子,苟且偷生。性格铸成的悲剧,谁都无法改变。

这位少年英雄,曾经叱咤风云辗转天下,如今他仰天长啸血洒乌江。自刎后的项羽又被汉军肢解。

成王败寇,屌丝青年刘邦终于在这盘棋中胜出。不知道当他的部下各自拎着项羽被瓜分了的尸身来邀功请赏时,他会是怎样一种心情?将来他在高高的庙堂之上可否会想起那些年一起战斗过的日子,为项羽洒下几滴清泪?

多年后我们低吟着李清照的诗句"至今思项羽,不肯过江东",莫名惋惜。其实,战争那些事,胜败乃兵家常事,英雄请重新来过!

第二十章

开国首功：坦然面对利益来袭

皇恩浩荡，萧何见证开国大典

萧何依然清楚地记得那个日子，公元前202年2月28日。

萧何、张良、樊哙、夏侯婴、周勃、曹参这一群大汉的高层精英们，簇拥着领导刘邦，凯旋于荥阳。大家欢聚一堂，把酒话刚结束的战事，激烈地讨论着大汉建国的大事。

萧何浅笑着，看着大家笑作一团，这个问刘邦讨要功劳，那个八卦刘邦干掉项羽的心情。

刘邦也是无限感慨在心头，他煽情道："在战火弥散的战场上，踩在尸山血海中，我们终于成功干掉了项羽，才在这里笑谈胜利。整整七年啊，我们真的不容易，哈哈！"

萧何的眼里氤氲着一层雾气，他的心比刘邦更感慨。七年，仅用了七年时间，他一直力挺的领导就率领着大汉政治集团，一统江山，完成了从一介布衣到一代帝王的华丽大变身。当初去咸阳送壮丁偶遇秦始皇时那"我必取而代之"的梦想终于成真。萧何自己也因领导的成功，而心中欢喜。

韩信联合其他受封的诸王联名上书，请求刘邦称帝。

韩信代表众王发表请求演说。他说："汉王，您虽然和末将们一样，都起于微末，皆布衣之身，但您却领导我们众兄弟，踏上了反秦的漫漫征途，带领我们推翻了暴秦，打败了项羽，扫平天下，汉王您劳苦功高,盖过了底下的诸位大王,今天我和战友们一致推举您做老大。"

韩信这一开口,大家伙都异口同声要推举刘邦做领袖。大家呼声一片,再一次演绎了萧何和众位文臣武将们当初在沛县推举刘邦为县令时的情景。

刘邦先是习惯性地端着,假意推辞一番,然后把范儿装足了,腕儿耍够了,戏演得差不多到点儿上,就顺坡下驴,满心欢喜地答应了。这不,他谦卑地说:"既然诸位都这么看,认为这也是有利于天下臣民的好事儿,只要这江山社稷需要,黎民百姓需要,那我就勉为其难,按大家说的办吧!能为普天下的臣民谋利益,做一个人民的好公仆,我刘邦义不容辞。既然大家伙儿把我推到这建设大汉的风口浪尖儿上,我就拉起锚撑起船,这辈子做一个最优秀的舵手,和大家一起同舟共济,共创辉煌。"

萧何、张良为首的谋臣和那帮以樊哙、夏侯婴、曹参为首的兄弟们率先跪下山呼万岁。

领导与属下之间有时候互相吹捧,也会共同进步,推动集团向前发展。这些年刘邦为理想为事业执着追求,军事上一路飘红,政治上呼声高涨,民心所向,于是他戴着楚汉战争胜利者的美冠,有些"勉为其难"地坐上了大汉第一把交椅。

说到底,这"勉为其难"是一个绝妙好词儿,亦是一种表演技巧,几乎是历朝历代的天子们荣登九五走马上任前的重头戏。刘邦,也是"被逼"无奈做皇帝的。

萧何忙活筹备的刘邦登基大典终于华丽丽地拉开序幕。

金碧辉煌的洛阳南宫里,刘邦借着登基大典的喜庆,大宴文武百官。

那晚,这位开国皇帝发表了一篇精彩绝伦的即兴就职演说,内容是这样的:"众位爱卿,朕爱你们!这些年你们跟着朕东征西讨、冲锋陷阵、九死一生,真的不容易。你们才是真正的英雄豪杰,你们都是朕的传奇。真正的男儿,你们选择了军旅,历史不会忘记,老百姓不会忘记,朕,同样也不会忘记。你们的名字将会镌刻在大汉的皇皇史册中,你们的功绩将会与日月同辉,与天地同在。千古兴亡多少事,如今,且看大地茫茫,是我们汉家春秋。多少帝王天子恋繁华,到头来盛衰成败不由他,笑看那始皇大业千秋梦,如今秦砖换汉瓦,哈哈,诸位爱卿,在这个有着特定历史意义的辉煌时刻,让我们君臣共同举杯,祝愿大汉基业长青,万世长存!"

萧何率先跪地,群臣一同高呼:"祝我大汉国运昌隆,洪福齐天。"掌声、欢呼声,万岁、万岁、万万岁的呼喊声,雷鸣般地回响着,久久不息。

新皇上任伊始,自然要分封有功之臣,赏赐百千强,选贤任能。恰逢初登圣坛,刘邦春风得意,他手执玉杯,敬天敬地敬群臣:"众位爱卿,朕先敬你们一杯,感谢你们与朕共度这美好的夜晚。在座各位,大多是从沛县就跟朕一起走过来的,有的是半路邂逅追随的,也有跳槽过来的。大家不必争来争去,这天下如今能为我们所拥有,你们功不可没,朕心里自有论断与封赏,我们大汉的功劳簿上一定会镌刻着你们每一个人的名字。"

刘邦的目光缓缓拂过萧何、张良和韩信,他们无一不是心潮翻滚。刘邦的话十分煽情,是肯定也是总结。

萧何的眼里闪着泪光,这些年他见证了他亲手培养的领导把集团一步步做大做强,见证了大汉的诞生。如今领导终于变身为天子,美梦成真。

笑拥江山同祝梦,醉看满朝文武影朦胧。几杯薄酒入肚,刘邦感慨万千,刘邦煽情道:"这一路枪林弹雨尸山血海,朕亲眼见证了你们的成长,眼下呢,你们且干了这一杯酒助助兴,趁着酒意正浓,咱们君臣也开个民主座谈会,大家嘛都不必拘泥,都和朕说实话,请众位爱卿回答朕一个问题,朕为何能夺取天下,而项羽却一败涂地失了天下呢?"

台下一片喧嚣。有人高声说:"是陛下您威武英勇,每每身先士卒。"有人说:"陛下您比项羽有才干,有实力。"有人说:"陛下统率大军,转战大江南北,每每攻下一座城池,就会安抚百姓并把得到的土地分派给他们耕种,让他们安居乐业,这样深得民心,符合了天下大多数人的利益。可是您的老对手项羽却不一样了,他远没有陛下您这样爱民如子,总是霸道地杀害有功绩的人,他心胸狭窄、嫉贤妒能,所以他败给了陛下。"大家七嘴八舌,众口不一。

萧何沉默地看着刘邦拈杯而笑。

"大家的说法纵使有道理,但是依朕看,你们是只知其一不知其二,只看到了表象,没看到内里。朕从一介布衣混起,从最底层的一个小吏到今天荣登九五,全仰仗着在座的各位诸侯和将领们全力支持,如果没有你们……"刘邦欣赏的眼神掠过萧何的脸,他微微停顿了下道:"如果没有萧何,也许朕还在沛县混吃等死,直到终老。朕感谢丞相的知遇之恩,没有你就没有朕的今天,这些年你跟着朕颠沛流离不容易。人生难得一知己,丞相于朕,不仅是知己还是伯乐。你支持朕,帮衬朕,全心全意力挺朕,你为我们大汉朝所做的一切,朕一点一滴都不敢忘记,全都铭刻在心底了。如若这茫茫九州,有谁能有丞相你治理国家的能力?朕相信,朕的爱卿是前无古人后无来者,朕也相信在座的各位都有目共睹。萧爱卿安抚百姓,给前线将士提供长期、全方位的支持,军饷充足。仅这一点儿,朕就自愧不如。萧爱卿,朕的后勤部长,朕的大掌柜的,这杯酒,朕先干为敬,你随意!"

刘邦这安抚人心的手段果真非同一般,这段话说得是掏心掏肺,入情入理。他继续说:"大汉政治集团之所以能在残酷的战争中,打了个漂亮的翻身仗,也不是说明朕多有本事,是上苍体恤朕,让朕于危难之中屡得贤才。打个比方,在营帐中出谋划策,在千里以外的战场上和楚军一决胜负,朕真的不如子房。能够统率三军,在前线与敌人浴血奋战,于箭羽中攻城,战无不胜攻无不克者唯有韩信是也。你在'还定三秦'、开辟北方战场以及垓下大决战中展示的杰出军事指挥才能,令朕刮目相看。"

传说刘邦知识水平低、底子薄,也不善带兵,在和项羽博弈的过程中,从没有完整地下过一盘棋。韩信为刘邦打下了半壁江山,在长达四年半的楚汉战争中,攻城必克,出手必胜,而刘邦却没有亲自拿下过一座城,没有亲自策划过一个计谋,没有亲自指挥过一场战斗。

作为集团的领导,他不需要是个琴棋书画、刀枪剑戟样样精通的多面手。他是草根出身也好,胸无点墨也罢,只要他有脑子、有能力把天下的精英都招揽在自己的麾下,把每一个人才都安插在适合的工作岗位上,他就成功了。难怪著名的管理学大师彼得·德鲁克说:领导人的主要职责是能为属下搭建舞台。他一定要有坚定的政治信仰,有笼络人才、使用人才的手段,才能让每一个人才在自己提供的舞台上炫出最亮丽的风采。

恰逢开国大典,成功的喜悦在心海如浪花翻卷,刘邦妙语如珠侃侃而谈:"诸位爱卿,朕今天心情爽极了,其实你们刚才说得都有道理,但你们也真的没有说到点子上,萧何、张良、韩信这三个人,都是人中豪杰,要文能文要武能武,要计策有计策,个个能抵百万兵。朕虽不才,但却能重用他们,所以朕能于漫长的拉锯战中反败为胜,干掉项羽,这才是我巧夺天下的真正原因。说到项羽,不,说到朕这位曾经结义的兄弟,他虽有旷世之才,但却不懂得用人,他身边儿就一范增,奈何范老前辈一门心思追随于他,愿意为项氏集团献囊献计,却遭项羽猜忌,病死他乡。"

刘邦从一个帝王、一个大政治集团领导人的高度肯定了"汉初三杰"的地位和他们无与伦比的功劳,也浅析了他和项羽在这场大对决中胜出的根源。其实,全国人民都知道,邦哥真的是很聪明的。此时他是骄傲的,是成功的,他指点江山,甩出了经典性的总结,这就是著名的论天子得天下之道:"运筹于帷幄之中,决胜于千里之外,我不比子房;镇国家、抚百姓、供军需、给粮饷,我不比萧何;指挥百万大军,战必胜,攻必克,我不比韩信。"

兴修水利,万事民生为先

自刘邦登基这一年起,萧何真的是日理万机。作为刘邦最得力的干将和近臣,又手握重权,朝中诸多事务都需要他来处理,繁忙的公务让他像上足了弦的发条一样不敢松动半秒。

大汉开国这一年,萧何和刘邦虽说都已过了知天命之年,可对于一个男人来说正是年富力强的好时光。刘邦本身就是一个拼命三郎,跟随在这样的领导人身边为相,萧何,这位国家管理模式的创造者,并不敢有丝毫的懈怠。

眼下江山未稳,新的政权还没来得及巩固,军队也还没有及时削减和整编。国家的局势并不容乐观。战后的古都长安一片萧条,连年征战,百姓田园荒芜,民生凋敝。并非建国就万事大吉,战争的烽烟散去,新的建设大任在肩。

自从灭秦以来,加上楚汉战争这几年,连年的征战消耗了过多的民力,社会经济遭遇巨大的破坏。关中地区,本来土地肥沃,一直是大汉前线的后勤保障地,如今也因常年干旱少雨,大片土地荒芜。

萧何向刘邦提建议:"陛下,如今国家安定,我们的军队可以适度削减,把兵器改造成农具发放给农民,让他们安心劳作,休养生息。富民才能强国,改善民生,发展经济才会扭转国家财政的窘迫局面。"

"你办事,朕放心,爱卿深谋远虑,对我大汉倾尽全力,朕一定力挺你。"

萧何本身就是一个多面手,除了没上前线带兵打仗,这太平年月大搞国家建设的事儿,他是没有不通的,律法、税收、工商、经济样样玩得转。他不仅忙于制定汉律,还要协调高层要员把各自分管的工作搞好。萧何本身就是从基层起来的干部,如今变身宰相,民生问题更是刻在他心头的首要任务。

这不大早上他抓了樊哙当壮丁,两个人一起奔长安北郊来了。

彼时,刘邦凛然而坐,殿堂下大家正襟危坐,没有一个说话的,唯有空气在暗涌着。

刘邦冷着脸在训斥夏侯婴:"今天怎么又来晚了?这才不打仗了,一个个抽筋断骨地奢靡开来,是不是以为搞好国家建设就没有你们武将的事儿啊?"

夏侯婴小声委屈道:"臣不过才晚来,他们都还没来呢!"

刘邦转头对张良道:"子房,一会儿给太仆加点儿餐。对了,樊哙怎么也没来?还有萧何呢?众位爱卿,这国安享太平了,咱们不能都懒散成性掉链子啊!你们都是咱们大汉和平建设时期的栋梁,这建设新型大汉还需要在座的各位勇挑重担,这大事小事堆叠在一起,你们不能让朕一个人承担啊!昨天朕和丞相微服去了北郊,今年大旱,土地干涸,老百姓都快吃不上饭了!古人云食君禄,报君恩,你们得想想办法,先解决百姓的温饱问题才是重中之重,不要让黎民百姓骂咱们政府不作为。"

刘邦被这帮武将搞得头都大，放下刀枪剑戟，就百事不做了，吩咐张良对他们进行政治教育，普及建设新大汉的思想，又一个个对牛弹琴的无辜模样。他真是恨不得把他们集体回炉重新锻造成钢。

"陛下，您记……不记得，在南郑时，丞相为了改善汉中百姓的民生问题，和平阳侯携手一起引褒水灌溉农田，为当地百姓修建了汉中最早的灌溉工程山河堰？老百姓粮食年年丰收，才会有余粮支持当年税收工作，缴纳粮米，支援了前线将士。"夏侯婴结结巴巴提醒刘邦。

刘邦一听这话眼前一亮，他果断地吩咐夏侯婴道："备马！既然你们都不愿意学知识学文化，朕带你们去北郊观光去！"

彼时，萧何疾步行走到长安北郊的田埂上，樊哙把马车停在小路边，马拴树上。他一路小跑跟在后面，扯着嗓门喊着："萧丞相，您等等我，这是唱的哪一出？您堂堂一国之相竟然徒步乡间地头？早知道，让那个结巴太仆跟您来走街串巷，这什么路啊，车子都快颠碎了，以后您得赔我辆新车啊！"

"这么多怨言，我看你还是愿意回宫里听张良给你们补科普文化吧？"萧何笑着回头揶揄道。

"不不不，一让俺听那帮文化人讲课俺就头疼，俺还是愿意跟您视察民情的，哈哈。对了，丞相大人，咱们又忘了开晨会了，回去不会被陛下抓了当典型吧？"

樊哙还没看过来，萧何已经挤入熙熙攘攘的百姓中去了。

县城北，美丽的湄水河卷着欢快的浪花一路吞溪会涧滚滚东流。

岸边，黑压压跪了一地人，萧何问："各位老乡，你们这是在做什么？"

"这位官爷，您不是本地人吧？我们这里连年干旱，已经快一年没下一滴雨了，您看整片田地都干涸了，所以我们在求雨，心诚则灵，您也快拜天地吧，老天爷一定会护佑我们的。"

"父老乡亲们，求雨只是一种精神安慰，天不下雨，能奈何？"萧何凝视着脚边奔流不息的河水说："湄水河养育了这一方土地上的人，也不会眼看着我们饿死，但是自古天助自助之人啊！我们可以一起修建沟渠灌溉农田。"

一群衣衫破旧的男男女女全都把希望的目光投向萧何。

此时,微服的刘邦率众文臣武将也已经到了北郊,他们站在人群外面。夏侯婴突然眼睛一亮,拴好马跑过来:"陛……陛下,您听,萧何,萧丞相在讲话。"

张良、曹参、周勃等跟在刘邦身后,一起向着人群里探头张望。

"修建沟渠说起来简单,可是需要钱啊!"一位村干部模样的老汉对萧何言道。

萧何朝老百姓深深鞠躬:"乡亲们,你们受苦了,这些年我们的将士在前线打仗,是你们节衣缩食,给我们供应钱粮,我代表大汉政府感谢你们!在这里我不想多说什么,我只想告诉你们,人定胜天,我们将在这里修建沟渠,协助你们灌溉农田。另外,如果你们因为没有钱购买种子而延误了播种,而使田地荒芜,政府可以借贷部分款项给大家,等到秋后有了收成,再用粮食还贷款,你们说这样合不合理,好不好?"

"这位官爷,听您谈吐不凡,您是宫里出来的吧?不知道您说了算吗?这样功在当代利在千秋的好事,啥时才能解决?"那老者又问。

萧何笑笑:"是,我是朝廷里一名普通的打工仔,就是为咱们老百姓来解决问题的。乡亲们,你们不必再为赋税的问题纠结,把精力和心思都用到劳作上吧!我们的新皇登基,恩泽天下,严禁各级政府向百姓乱摊乱派,我们会认真调查每一户百姓的生活状况,经济收入状况,量力而收,能征多少就征多少,对于实在有困难的百姓,可以暂缓征收或者不收。"

又是一阵潮水般的掌声和欢呼声。那位老者一挥手全体百姓不跪天了,直接朝着萧何就跪了下去:"清官啊,我代表全村的百姓感谢您!"

樊哙捅了捅萧何道:"您这样做,倒是惠及百姓了,可是咱们领导会不会同意,这样可是影响政府税收的啊,您的政绩考核呢?会不会因此受影响?"

"哈哈,长太息以掩涕兮,哀民生之多艰;亦余心之所善兮,虽九死其犹未悔。只要能改变这个地区守着大河却靠天吃饭的状况,只要老百姓最基本的生活条件得到改善,只要能为陛下分忧,没有政绩又如何,只要百姓欢迎,生活水平能恢复,我个人的得失又算得了什么?"

"好,好!"刘邦连叫了两声好。

萧何回眸看到了刘邦,他穿越人群正要给刘邦行大礼,被夏侯婴拽住。夏侯婴示意萧何看刘邦是微服。萧何浅笑冲刘邦拱手小声道:"臣失礼了。"

"哈哈,是朕把大事都忘了。"刘邦冲萧何笑着,却回头重重地点了点曹参:"将军,这一回连杀狗的樊哙都进步了,跟着萧爱卿跑前面了,你可是落他们后面了。"

"湑水河在城固县集流面积大,河的上游山高林密,涵养水源,下游河面平缓,河面开阔,水利蕴藏量大,我们可以不靠天,靠自己,推土截留湑水灌田,以保障整个地区的灌溉问题。只是经费问题嘛……"萧何胸有成竹侃侃而谈,浅笑望着刘邦。

刘邦笑得合不拢嘴,欣赏地望着萧何:"朕就说嘛,朕的丞相怎会置民生于不顾,每天躺在功劳簿上醉生梦死呢?不辞劳苦,下基层亲自视察民情,访贫问苦,倾听百姓的呼声。吏称其职,民安其业,为百姓解决最根本的问题才是真正的务实啊!好吧,朕的水利专家,朕就知道你一定跑到这里来了。讲讲你的想法。需要钱需要人,朕帮你解决。"

深入一线调研,并及时拿出方案,说干就干,雷厉风行是萧何一贯的工作作风。为了鼓舞士气,萧何和老百姓打成一片,他身先士卒亲临工地第一线,率部下跟着老百姓一起运输土石,在修建五门堰的浩荡工程中大显风采。

开国以来,萧何风尘仆仆体察民情,兴办教育,此处督办兴修水利,彼处指导排涝救灾,抓经济搞生产。他以丞相之尊,在百忙之余,身兼数职,涉足于各个不同的工作领域,热衷于这些大力改善民生的工作,赢得了百姓的尊重和爱戴。

难怪刘邦在行赏分封大会上吼那些为一点儿蝇头小利就争得不可开交的臣子们:"大家瞧瞧,某些人还躺在战争年代的功劳簿上吃老本儿的时候,咱们的丞相他在做什么?不用等不用靠,所有的工作都是自主、自发、主动,凡事想在朕前面,并且做得一丝不苟。这样的好干部,朕就是要给他最好的待遇和奖赏,如果你们都能这样万事民为先,朕一样封你们万户侯!"

至高荣誉"开国第一侯"

汉初的分封制度实行军功封爵制。有人欢喜有人忧,人分大才小才,功分功大功小,这一群武将便各自拿着自己的小本本和他们的领导刘邦秋后算总账。如今这江山就踩在脚下,刘邦欢天喜地做天子,把这浩荡皇恩撒给每一个为大汉的建立做出过杰出贡献的人。说直白点儿就是偿还战争时期欠下的人情债。

说做就做,马上张贴皇榜,先公布了第一批荣登皇榜的在大汉建国大业的刀山血海中走出来的武将。除了韩信、彭越、英布等被封王的人,曹参、周勃、樊哙、夏侯婴、灌婴等这些战功赫赫的武将都被首批重封。这一举动完全顺应了功臣们的诉求,他们无一不是为了大汉的建立浴血奋战,立下了汗马功劳。

萧何和曹参,都是大汉的元老,是刘邦政治集团最初的奠基者,创业的领路人。都说好汉不提当年勇,可是当年勇却明明白白就摆在那里。当年在一帮混混圈子里,萧何和曹参可都是身份最高的朝廷官差,一个是大秘书,一个是大捕头,是大秦的正式干部。

本来,这萧何和曹参,一个文臣一个武将,一起追随刘邦,协助刘邦从沛县白手起家,是一起干事创业的同事。打拼的年代,萧何在大后方经营,曹参在前线征战,彼此间也没有啥大的利益冲突。可是战争结束了,也要论功行赏,论资排辈,打江山,武将功不可没,文臣没有战功,可也有功劳。都是奋斗在不同工作战线的同事,只是岗位不同而已,都为大汉的建立无私奉献着自己的青春热血,做出了卓越的贡献。所以,建政之初,萧何和曹参之间的利益冲突便凸显出来。

大汉朝堂之上战争的气氛慢慢散去,政治气氛却日趋浓烈。自古以来,名利场上纷争不断,也在情理之中。因为两个人之间的矛盾和冲突的背后,是以萧何为代表的文臣和以曹参挑头的武将两支实力强大的派系之间的利益争夺。人,皆有私心,无论官职大小,身份高低贵贱,一旦牵扯到自身利益,便各自都有自己的小算盘。终身当会计,没有不为自己打算的。以萧何、曹参为代表的文臣和武将的明争暗斗如冰下的河水,潮来潮往久了,便破冰而出全面爆发,演变成汉室义武大臣的利益大比拼。每一个功臣的封赏对这两大派别来说都是牵一发而动全身。就这么拖来拖去,汉室封赏功臣的工作,是"岁余不决",也没争出个子丑寅卯来。

刘邦不是糊涂天子,他心里跟明镜似的。手心手背都是肉,文臣能治国,武将能安邦。萧何与曹参争功的辐射效应,随时可能蔓延到大汉政治集团的边边角角。功臣的问题一旦处理不当,到时真乱了朝纲,他这个布衣天子,就得脱下皇袍成丐帮弟子了。要这两派较真拧巴起来,无论哪一派得胜都会打破他大汉帝国的政局平衡。

都说秤杆子里挑江山,到那时他这颗定盘的星,能不能稳住大局,能不能平衡格局都很难说。

萧何和曹参之间更是疏离已久,变得貌合神离起来。原因赤裸裸,若不为自己手下的兄弟们争利益,兄弟们也感觉自己的领导无能。萧何熟读经史,他虽然被拖入争斗的深水里,可是他却清楚自己的分量,任凭手下的兄弟们吵糊了耳朵,再三劝说和撺掇,他依然不肯去和刘邦讨要封赏。一来,国家利益装在心里,二来,他明白,无论什么东西,别人主动给,是一回事,自己伸手要,是另一回事。

这不,萧何接到通知急匆匆进宫参加例行朝会。他卷帘而入时,正听到刘邦在殿堂上煽情演讲。

刘邦那高亢自信的声音贯穿耳鼓:"众位爱卿,光阴似箭如流水啊,转眼我们的新国家已经建国一周年拐弯儿了,恰逢新春,朕想在这新的一年开始之际,再给你们一个惊喜。第一批以曹参为首的功臣都已经获得丰厚的封赏,这第二批的受封功臣名单已经下发到在座的每个人手中,请大家认真阅读,并在你们同意的人员名字后面打个钩,并按照你们的意愿给这三个人排个序。"

萧何小跑着进殿,大家把目光都集聚到他身上。夏侯婴在座位上冲他直挥手,示意他快就座。

刘邦停顿住,朗声道:"萧爱卿止步。朕封你酂侯,采邑八千户,再拜为相国。大家给点个赞。"

萧何呆住了,就站在殿堂下,眼里再次涌满泪水。

朝堂上顿时一片哗然,那些军装酷男们不干了,一个个拍案而起:

"陛下,微臣有本要奏,微臣认为陛下这样分封不合理。我们都是跟随陛下转战大江南北,经历过无数次实战的职业军人。我们身披铠甲,手持兵器,跟随着陛下冲锋陷阵,出生入死攻城略地,一步步扩大我们的地盘。无数将士甚至献出了生命,才换来今天我们大汉政权的建立,换来了我们今天和平幸福的生活。您说推选萧丞……萧相国……为'天下第一侯',为列侯之首,微臣是真心不服。臣斗胆说一句不怕得罪萧相国的话,他一介文臣,做的都是后方的针头线脑的工作,说直白点儿,他不过就是在后方享清福,耍耍笔杆子而已,哪有我们这样的赫赫军功?为何现在他得的封赏却在我们之上,恳请陛下答疑!"

萧何听到堂下一片哄然,反对声响成一片,他就地跪拜谢恩道:"谢过陛下恩典,萧何无功,恳请陛下收回成命。"

朝堂下的军官也是个胆大包天的主儿,就这样凌厉地将了刘邦一军。刘邦明白,对萧何,自己不仅要给他一个舞台,还要给他一个交代。战争岁月生死无常,他为自己付出了一切,如今自己如他所愿出息了,高居庙堂之上了,无论他争与不争,自己都会给,都应该给。

刘邦心情复杂地望着堂下的萧何,挥下手示意他入座。他意味深长地问:"诸位爱卿懂得打猎吗?"

底下异口同声答:"懂得!"

刘邦看了看大家又问:"那你们知道猎狗是干什么的吗?"

群臣齐答:"知道。"

"哈哈,知道这不齐活了吗?你们打猎的时候,追赶猎物的是猎狗,可对猎狗发挥指令的是猎人啊!是人重要还是狗重要?诸位还需要朕明讲吗?朕没多少文化,是个大老粗,别怪朕说话粗俗。说白一点儿,你们就是那群追赶猎物的狗,而萧爱卿就是指挥猎狗捕获目标的人。再说了,你们也不过是一个人跟着朕,加上亲戚朋友撑破天也不过两三人。可萧爱卿就不同了,撇开他的功绩不说,单说他萧氏一族就有几十口人在军前为国效力,这个你们能比吗?"

堂下鸦雀无声,众人皆惊诧。

这就是刘邦最搞笑最著名的"功人与功狗论"。还争什么,瞎子都能看明白的事儿,这满朝文武,仅萧何一人为功人,其他人全是功狗。

萧何此时心潮翻滚，刘邦肯为他争利益，他感动得一塌糊涂，但余光中他瞥见曹参那张红白不定的脸，身后群情激昂，萧何几次三番想站起来发言，都没机会插上嘴。

这时，刚才那个伶牙俐齿站起来反驳的军官又发表高见："陛下，臣还是想再补充几句，臣还是反对把萧相国排在第一位。我们都是当兵的出身，亲眼看见了平阳侯曹参跟随您纵横沙场、一路走来的艰辛。他每每冲锋在前，作战超级勇敢，这些年光身上的伤就有七十多处，攻城略地，抢夺地盘儿，他功高盖世，应该排在第一位！"

萧何看到曹参脸上开始阴转晴，并冲那个小军官做了个胜利的手势。

这个偏执得有些愚蠢的小军官，智商余额明显不足，竟然丝毫没有瞧出刘邦就是要高看萧何一眼。汉室政治集团本是沛县那帮死党哥儿们一起撑起来的，都是一路走来的兄弟。如今国家兴旺，集团也越做越强大，封赏之事多多少少掺和进点儿感情因素也在情理之中嘛！

这小军官看不出火候，气得刘邦差点儿就拍案而起，幸好这时忽然杀出个关内侯鄂千秋见缝插针道："陛下，这位将军，容鄂某人多言几句，不打扰大家的啊！这位哥儿们讲得也不无道理，平阳侯曹参作战勇敢，战功显赫，陛下早在去年就封赏了他。但是连年征战这些年，也不止平阳侯一个吧？大家都是职业军人，哪一个又是锃包呢？容我替萧相国说几句公道话，在座的各位将军想必十有八九参加过楚汉战争，近五年的时间，我们的战线拉得比海岸线都长。陛下虽然英明，可也常常吃败仗，部队也被打成一盘散沙，士兵们逃的逃，散的散。通信中断的危急时刻，是谁把满船满船的军用物资和粮草，穿越楚军的封锁线一批又一批地运上前线？是谁组织关中成千上万的子弟开赴前线补充兵员？我们从没有因为缺粮和部队减员而影响战斗。陛下也曾多次丢失城池，可是萧相国却尽全力保全了我们的大后方，才让我们没有了后顾之忧，全身心地投入战争中去，打了这么漂亮的翻身仗，建立了我们的大汉天下。这是万世不朽的功勋，虽然平阳侯等武将功不可没，可和萧相国比，还是有差距的。所以微臣私下里以为，是萧相国排第一,平阳侯排第二。"

鄂千秋对萧何伟大功勋的讴歌与礼赞,完全顺从了刘邦的意思。不会揣摩领导心理的属下不是好属下,这鄂千秋真是及时雨,这细雨微风直接吹洒到刘邦的心坎儿上。他心花怒放,赞许地望了一眼鄂千秋,一迭声地说:"说得好说得好!"堂下又是一阵潮涌。

刚才发言的小军官再次被刘邦无视。

萧何趁机抢到机会站起来发言。他在大家惊诧的眼神中,给刘邦拜了两拜:"感谢陛下垂爱!谢谢鄂大人!在座的各位同人兄弟,都是盖世的武将,为我们大汉立下了汗马功劳。萧何蒙皇恩,沾同人们的光,有幸也被纳入这功臣的行列中来,真的是诚惶诚恐。这些年,臣为了理想追随陛下,九死而无悔。其实,萧何真的不才,得陛下封赏一直惴惴不安。臣只是做了分内的工作,如若能称得上有一点点儿功绩,全是托了陛下的洪福和各位同人的鼎力支持。我们的大汉政治集团能有今天,能以胜利之师的身份陪陛下在这里探讨我们成功的理由,都是缘于我们有一个圣明的帝王。多亏了陛下在沙场充满智慧的博弈,注重人脉的培养和挖掘,慧眼引进优秀人才,才把我们的集团一点点儿做大,才让我们一步步积累实力,创下这份基业,修得一片绿荫。陛下,微臣感觉这位小军哥说的不无道理,臣纵使真的有功,也万不该居于列侯之首,还请陛下成全,让臣做一个最普通的臣子,为我们汉室集团出谋出力!"

精明如萧何,他既得好处,又面面俱到,从上至下没有一个不顾及的。他就算是恭维领导,也恭维得恰到好处,他就算巴结同事,也巴结得至真至性。一句话,领导千辛万苦成就大业,神武睿略,天下无与伦比!

刘邦示意萧何先退下落座:"萧爱卿,你不必多言,朕心中自有论断,朕不会偏袒了谁也不会薄待了谁。我们的前线将士在烽火连天的战争年代,为了大汉打江山,流血流汗不流泪,掉皮掉肉不掉队,你们的功劳会永远镌刻在大汉的功劳簿上。但是大家不要忘记,萧爱卿在大后方苦心经营心系民生,为我们这些奋战在第一线的人提供了长期稳定的人力、物力、财力保障,才使得我们取得了全面胜利,朕不是明主,却不糊涂。鄂爱卿推荐贤才,理应受到重赏,保持原来受封的关内侯食邑,朕加封鄂爱卿为平安侯。另外,萧爱卿功勋千秋,位列诸侯之首,保持原先的采邑八千户不变,并加封两千户,朕特恩准你以后带剑穿鞋上殿。好了,退朝!"

这两千户是当初刘邦去咸阳服徭役时那二百两份子钱的丰厚回报。萧何追随刘邦这么多年,终于用自己出色的工作业绩换来了刘邦最高的礼赞。

萧何实至名归,无愧于刘邦赐予他的至高荣誉——"开国第一侯"。

他一片忠心待刘邦,尽职尽责做事情。他活跃在大汉的政法部门和后勤财政部门,这对明君良臣搭档携手织锦,织出一片五彩斑斓,织出大汉百年春。

文治天下,发展经济,稳定社会,建设新型大汉,萧何和他的同事们,继续出谋划策,兢兢业业工作着,生生不息奋斗着。对一个团结向上的政治团体,忠诚自有回报。你忠诚于自己的集团和领导,当集团做大做强的时候,也不会亏待你。萧何与所有当初从沛县走出的兄弟们,全体转型为大汉统治阶层。

一个团队一路苦战,豪情潇洒,雨幕寒霜,如今终于笑傲天下,吹开帝王花。这些心在江山,长空舞剑的大汉开国元勋们,集体演绎了一个华丽转身的官场神话。

结语

所有的故事都会告一段落，所有历史上的是与非、得与失、功与过，都留给后人去评说。《萧何的奋斗笔记》在西汉的建国大业轰轰烈烈进行之时，戛然收尾，画上了一个圆满的句号。

天下英雄时势造就，风云人生为理想奔走。萧何从沛县邂逅自己的领导刘邦，并主动成为他的伯乐，培养千里马，扶他踏上征程，在辅佐刘邦创业、打江山、治天下的漫长岁月里，打造了一个成功励志的官场神话。

萧何奋斗的故事，写在他追随刘邦颠沛流离、南征北战、铁马金戈的岁月，充满了积极向上的正能量。他为领导出谋划策，工作态度积极主动，他精于人际关系，对领导和其服务的团队无限忠诚，值得我们去学习与借鉴。

他艰苦创业，踏遍巴山蜀水，一分辛苦万千收获，留下那么多的丰功伟绩和无数令我们感动的日子。小说写到这里骤然搁笔，终止在他前半生的奋斗历程，还是有些意犹未尽。喜剧大团圆时，我仿佛看到萧何和刘邦及他的同事们，这一群楚汉战争的风云人物，站在未央宫前留下一张最珍贵的合影，留下西汉最后一张全家福。

乱世的潮水，把萧何、刘邦、项羽……渡到秦末的渡口，让他们有缘成为同事、兄弟、对手，演绎他们成功的励志传奇，使他们在抗秦的斗争中改变了秦末的政治格局。

在这本书中，我们看到的是一个积极向上、乐观、执着、兢兢业业、勤勤恳恳达到忘我境界的萧何；我们看到的是一个身处逆境依然活得欣欣向荣，屡遭惨败依然坚强屹立的刘邦；一个为了大汉攻城略地，提着脑袋向前冲刚直不阿的韩信；一个圆滑、脱俗、聪明、卓然立世的张良；一个力拔山兮气盖世，一个宁肯站着死，绝不跪着生的真英雄项羽……历史是大家一起书写的，无论是大人物，还是小人物，都可以在特定的历史时刻改变着历史的轨迹。

我情愿满心欢喜地，在这里合上《萧何的奋斗笔记》的精美卷轴，也不情愿看到卷轴展开，看到萧何晚年时西汉高层发生的血雨腥风。因为我不愿意看到我深深爱着的男主角们，在政治的争斗中，被历史拆分，死于非命，我只愿他们一直在我的文字里，灵动地活着，有说有笑，他们或伏案而书，或拔剑向天，或铁马金戈……干戈寥落山河壮，他们都在云里画里，他们都在大汉的皇皇史册里。他们在战火中成长，在创业中长生。成也罢，败也罢，千古英雄浪淘沙。

萧何和张良、韩信等是最佳的创业合作伙伴，组成最默契和谐的精英团队，在大汉创业的漫漫征程中，他们倾尽能量，围绕着刘邦的惊天伟业，展示着自己的风采。他们夯实西汉的根基，使这座琼楼玉宇傲然挺立于历史的天空。

但历史不会以人的意志为转移，不管你喜不喜欢，历史的结局早已摆在那里。

唯一的全家福也支离破碎，开国的喜悦终于化作历史长河中的浪花。坐稳江山的刘邦开始巩固政权，铲除异己，诛杀异姓王，对与自己一起打江山的兄弟亮剑。臧荼、英布、彭越、陈豨等异姓诸侯王皆被干掉了。

萧何有时也掩耳盗铃地认为这样的事不会落到韩信的头上，可韩信却功高震主，触犯了刘邦的利益。领导夫人吕雉给韩信冠上阴谋叛乱的帽子，授意萧何干掉韩信。利益当头，萧何为了保全自己，果断地与韩信划清界限，挖一个天坑，坑死了韩信。

我怅然感叹着"成也萧何，败也萧何"，奏一曲断弦悲歌，歌我西汉好男儿。的确，韩信之死，萧何有不得已的苦衷和无可奈何，服从领导的意志，维护国家和领导的利益，一颗红心一种准备，他没错。但他却成了拆分精英团队的刽子手。特别是他奉吕雉之命去诱骗韩信时，我想，他的心里一定是矛盾得无以复加，进不易，退亦难。他私设灵堂祭奠韩信可以证明，韩信不得善终，他的灵魂也难得安宁。

忠以侍君，智以保身。萧何，有老练沉稳的政治手段，利益倾轧的紧要关头，他总是识时务的俊杰，总能保持清醒的头脑认清形势分清利弊,敢于下手,给自己留下后路。

其实,萧何受命干掉韩信时,刘邦在前线。萧何作为后方最高官员主持朝中政务,他完全有能力在吕雉面前替韩信美言几句。但他权衡利弊,在他心里,前途、事业、官位的重量,超过了兄弟情。纵然韩信的为人处世方式有时有许多的不尽如人意,纵然他的震主之功触犯了领导的利益,可是他却真的罪不至死。但是领导要除掉他,萧何果断地选择站在领导一边。

关系到自己切身利益时,萧何绝对是"吕端大事不糊涂",理智地掌控自己的行为。腹黑不是他的本意,但他却做了一生中最腹黑的事。同样,在挤对走张良的问题上,萧何更是做得不显山不露水,完全可以用老谋深算来形容。

贵族之后张良,各方面都很优秀,虽然半路追随刘邦,却深得刘邦器重,特别是张良从韩王成处归来,抢走萧何献计献策的差事,荣升为汉军第一参谋之后,张良在汉军的地位一度超越了萧何。虽然萧何在后勤战线做得如鱼得水,有声有色,可是他心里难免不会恨张良。艰苦创业的年代没有时间和精力来搞人事争斗。和平了,他却会为了利益和同事激烈角逐。开国后论功行赏时,没有战斗功绩的张良,也被封侯并分得富庶的领地,地位与萧何不相上下,同为刘邦的心腹宠臣,羡慕嫉妒恨的心理,萧何难保没有。

所以有后人评说,萧何是一个官迷,权力、地位、名利,迷瞎了他的双眼。但这一切并不影响萧何在我心中的地位和分量。后期的他是孤独的,所谓高处不胜寒,人做高官少朋友。曲终人散后,高处寒意,他唯有默默承受。

一人之下万人之上,于官场他过于方正,又深得人心,民望极高,也惹得刘邦猜忌,所以晚年才遭遇牢狱之灾,沦为阶下囚。为了解除领导对他的猜忌,他不惜自污名节。出狱后的萧何,虽官复原职,但他变得战战兢兢,小心翼翼,老到又圆滑,对国家大事只表忠心,不再发表意见。混迹官场一辈子,他只想有个好善终,平安着陆,比起韩信、彭越等人的悲惨结局,他的修行已算得上是完美。在一次次的政治险峰,他都能逢凶化吉,既能保住官位,又能独善其身,恰到好处地保全了自己,官场人生修得正果。能急流勇退,善收晚场,这是他的高明之处。

做人下属,他从没有过不臣之心,做到了臣节不亏;遭遇人生的劫难,依然不改的是他对刘邦、对汉室的忠诚。

刘邦驾崩,大汉政权交接时,萧何不负领导重托,挑千钧重担于大汉危难之中,拖着年迈的身躯,又为大汉新的领导奉献了最后的力量。在重要的历史关头,他总能在最短的时间内调整好自己,顺应历史潮流,适应新的领导,以崭新的面貌和工作状态,重新投入新的工作中去。

萧何去世前,他捐弃前嫌,向新任领导汉惠帝刘盈推荐相国的接班人为曹参。无论过去有过多少利益争夺都随风而去,这些年他和曹参都在不同的工作岗位业绩斐然,都为了大汉天下鞠躬尽瘁。当萧何留给这个世界最后一瞥的时候,他考虑的不是自身利益,因为在他心里,国家利益高于一切,顾全大局方显相国本色。所以顺理成章,西汉不因人亡而废法,一切都按照萧何生前制定的各项法规、制度、方针政策运转着,曹参继任之后,才为后世留下了"无为而治""萧规曹随"的治国佳话。

萧何,他情为百姓苦,心为天下碎,世功名利任凭添,两面评讲在人间。所谓瑕不掩瑜,他一生中少有的污点,遮盖不住他卓越的治国才能,丝毫不影响他成为西汉安邦定国、流芳百世的大国相国。

千秋功罪,任人评说。关于萧何,后人还会有这样或那样的评价。而该书的初衷,就是希望呈现一个真实的萧何!

(全文完)

（京）新登字083号

图书在版编目（CIP）数据

萧何的奋斗笔记/柳七公子著. —北京：中国青年出版社，2015.2
ISBN 978-7-5153-3084-6

Ⅰ.①萧... Ⅱ.①柳... Ⅲ.①成功心理-通俗读物 Ⅳ.①B848.4-49

中国版本图书馆CIP数据核字（2014）第306422号

出版发行：中国青年出版社
社　　址：北京东四十二条21号
邮政编码：100708
网　　址：www.cyp.com.cn
责任编辑：朱艺　李晓丽　zhuyi1127@126.com
编辑电话：(010) 57350510
门市部电话：(010) 57350370
印　　刷：三河市京兰印务有限公司
经　　销：新华书店

开　　本：700×1000　1/16
印　　张：12.25
插　　页：2
字　　数：180千字
版　　次：2015年2月北京第1版第1次印刷
定　　价：26.00元

本图书如有印装质量问题，请凭购书发票与质检部联系调换　联系电话：(010)57350337